GIORGIO PANNUNZIO

SETTECENTO TEATINO
STUDI STORICO-LETTERARI SU CHIETI E
DINTORNI

ALL'EMBLEMA DEL DRAGONE
2019

1. Accostarsi alla figura e all'opera di Federico Valignani da un punto di vista esclusivamente letterario, soprattutto quando si cerca di affrontare il problema irrisolto della sua produzione giovanile, non è cosa semplice[1]. A parte vari e trascurabili accenni contenuti nelle storie della letteratura o in opere storiografiche "tout court", esistono già solidi interventi sul ruolo che egli rivestì all'interno del panorama letterario settecentesco in Abruzzo. I maggiori sono dovuti alla penna di Annamaria De Cecco e di Giuseppe De Tiberiis[2], ma non va trascurato il limpido studio di Vito Moretti sull'intellettualità teatina fra Ottocento e Novecento, in cui gli apporti della Colonia Tegea al dibattito culturale dell'epoca sono valutati e

---

1 La prima parte del presente lavoro apparve originariamente, con talune varianti (soprattutto bibliografiche), nel saggio "Per una storia dell'Illuminismo meridionale: Federico Valignani trattatista", in AA.VV., *Rassegna Storiografica decennale*, cur. I. POZZONI, Villasanta (MB), LiminaMentis, 2018, pp. 278-285. Il testo originale trovasi come "L'esordio poetico di Federico Valignani", in AA.VV., *Federico Valignani e la cultura illuministica. Atti dell'Incontro di studio. Torrevecchia Teatina, 1 marzo 2002*, cur. V. MORETTI, Chieti, NOUBS, 2002, pp. 85-115.

discussi con acume[3]. Il versante meno esplorato, accanto a quello saggistico-erudito, appare quello relativo al Valignani poeta. La lirica valignaniana della maturità, lungi dall'essere esclusivamente un riflesso epigonico, si nutre di un'atmosfera in cui proprio Moretti ha trovato «momenti di autentico ripiegamento,

2 Sull'illuminismo abruzzese, cfr. V. TITONI, "Su alcuni aspetti della cultura meridionale del Settecento", in AA.VV., *Antinoriana. Atti del convegno di studi antinoriani per il secondo centenario della morte di Anton Ludovico Antinori. Auditorium del Castello dell'Aquila, 20-21-22 ottobre 1978*, L'Aquila, DSP, 1979, pp. 151-164, in part. p. 164. Per un ragguaglio bibliografico sul Valignani cfr. G. DE TIBERIIS, "Federico Valignani", in AA.VV., *L'Abruzzo nel Settecento*, cur. U. RUSSO-E. TIBONI, Pescara, Ediars, 2000, pp. 473-498; e A. DE CECCO, "Federico Valignani. Fonti archivistiche", ivi, pp. 499-526. a questi si aggiungano ora L. CIANCAGLINI, Il sentimento religioso di Federico Valignani nella Chieti del Settecento, in *Rivista Abruzzese*, 4 (212), pp. 333-338 (trascurabile); e ID., "Un Illuminista a metà: Federico Valignani"; in AA.VV., *Settecento abruzzese: eventi sismici, mutamenti economico–sociali e ricerca storiografica. Atti del convegno (L'Aquila 29–30–31 ottobre 2004)*, cur. R. COLAPIETRA-G. MARINANGELI-P. MUZI, L'Aquila, Colacchi, 2007, pp. 1007-1055, entrambi con bibliografia.
3 Cfr. V. MORETTI, "Il calamo e la feluca. Accademie, arcadia e sodalizi culturali a Chieti", in AA.VV., *400 anni di stampa a Chieti. Atti del Convegno di Studi. Chieti, 15-16 aprile 1997*, s.n.c., L'Aquila, Japadre, 1998, pp. 231-245.

nei quali trovano spazio l'interrogazione, gli indugi personali, le risonanze psicologiche, e, insomma, un sentimento assai avvertito delle cose e dell'esistenza [...]»[4]. E tuttavia, non sarebbe possibile comprendere le strategie compositive del Valignani maturo senza tenere conto dei testi che egli scrisse in gioventù. Gli obiettivi primari del nostro intervento, quindi, saranno due: analizzare tutte le opere giovanili secondo un criterio diatopico, che ne scopra le motivazioni e le ascendenze; e collocare l'autore all'interno del suo "milieu".

2. Devesi notare, in sede di premessa, che nella sua prima produzione Federico Valignani non si discosta dai modelli già ampiamente definiti dalla critica per classificare le coordinate cognitive del suo tempo. La cultura arcadica, come quella barocca, aveva come obiettivo una sorta di "art pour l'art", idillica o stupefacente che fosse; al contrario, nell'età successiva, i colti sentirono assai fortemente il bisogno d'una letteratura diversa, che si staccasse - per dirla col Genovesi - dallo studio o dalla sterile riflessione, e si rivolgesse invece alle cose umane, cioè, per logica

---

4 Vedi ivi, p. 235.

conclusione, anche ai meno dotti. Il Valignani arcade, ovviamente, non poteva essere questo, perché la sua estrazione nobiliare costituiva un ostacolo quasi insormontabile, pur se non tale da portarlo a comporre soltanto versi preziosistici e leziosi di stampo fatuo ed elitario, come in altri autori del suo tempo[5]. Tuttavia, un fatto va indubbiamente evidenziato: egli sembra anticipare, nei suoi tratti essenziali, le caratteristiche di quella che fu l'"intellighentsia" abruzzese del periodo immediatamente posteriore, la quale - seguendo un accattivante paradosso del Titoni, che parla di «tradizione antiideologica» - può essere ricondotta ad un clima di «illuminismo antiilluministico, [...] nei suoi rappresentanti migliori non meno serio, convinto,

---

5 In una sua *Lettera sulla nobiltà* indirizzata alle figlie, significativamente, Valignani esorta queste ultime a ringraziare «Iddio di esser nate in una casa, che giustifica una rimarchevole antichità ornata di qualche pregio: ma questo è un puro accidente da non insuperbirvene [...]» (la *Lettera* in *Di Federico Valignani Marchese di Cepagatti Panegirico, e Rime per Carlo VII Borbone Re delle due Sicilie, e di Gerusalemme ec. Suo Clementissimo Sovrano con Varj Opuscoli alla Maestà Sua Consagrati*, in Napoli, presso Giovanni di Simone, 1751, pp. 356-360, in part. p. 356 per la citazione).

tenace»[6]. Non c'è dubbio, però, che la figura del giovane Federico vada collocata soprattutto all'interno del movimento arcade, sottolineando il fatto che egli ne fu esponente lucido ed equilibrato. Come nota Gianni Oliva in riferimento alle colonie arcadiche nate nei centri minori[7],

la poesia [...] non sortì certo risultati di particolare originalità espressiva, ancorata come fu ai modelli letterari in voga in quel tempo, usufruiti con provinciale eclettismo, per cui la nuova maniera poetica era spesso disinvoltamente contaminata con moduli stilistici e temi propri di quella lirica seicentista che era il bersaglio polemico della poetica arcadica.

La giovanile produzione del Valignani, peraltro, non si esaurisce con le pur interessanti *Rime*, ma si estrinseca anche in altri due testi, di fondamentale importanza per comprendere i modelli critici ed ideologici cui egli afferiva: si sta parlando del *Dialogo sopra lo stile del Petrarca e del Marino*, e al *Discorso pastorale sui sogni*. In riferimento al primo dei due,

---

6 Cfr. V. TITONI, "Su alcuni aspetti" cit., p. 164.
7 Cfr. G. OLIVA-C. DE MATTEIS, *Letteratura delle regioni d'Italia. Storia e testi. Abruzzo*, Brescia, La Scuola, 1986, p. 161.

bisogna subito dire che - per difficoltà di ordine pratico - non ci è stato possibile consultarlo[8]; tuttavia, esso dovrebbe inserirsi all'interno di quella polemica sul petrarchismo cominciata dal Muratori e continuata poi almeno fino alla fine della prima metà del secolo[9]. Se poi si accetta l'idea che ci sia stata una contaminazione di temi e motivi marinistici nella lirica arcade regionale, si deve anche ammettere che il *Dialogo* rappresenta la traccia di una encomiabile sensibilità culturale e di una buona attenzione al dibattito critico dell'epoca.

Quanto al *Discorso*, va rilevato che anch'esso si inserisce all'interno di una speculazione filosofica sulla natura dei fenomeni fantastici allora assai in voga. Senza voler scomodare le riflessioni dello Sforza Pallavicino sulle differenze fra intelletto e fantasia[10], va almeno fatta menzione del famoso trattato di Muratori

---

8 Siamo riusciti per ora a reperire un'unica copia del libro, nella "Rare and Manuscript Collections Division" della Cornell University Library. Tuttavia, il volume non è stato consultabile.
9 Cfr., su questo, F. FORTI, "Ludovico Antonio Muratori e il petrarchismo arcadico", in *Studi Petrarcheschi*, IV (1951), pp. 91-127; e M. FUBINI, "Le *Osservazioni* del Muratori al Petrarca e la critica letteraria nell'età dell'Arcadia" in ID., *Dal Muratori al Baretti*, Bari, Laterza, 1968, pp. 55-176 (lo scritto è però del 1933-'34).

Della forza della fantasia umana. In questa accattivante operetta, pubblicata per la prima volta nel 1740, l'abate modenese si occupò con una certa insistenza di tematiche oniriche, inserendo nel testo due ricchi capitoli sui sogni; essi venivano analizzati proprio alla luce della già citata distinzione dello Sforza Pallavicino, anche tramite citazioni erudite non lontane dallo stesso bagaglio culturale palesato dal Valignani nella prima parte del suo *Discorso*[11]. Fra l'altro, le questioni inerenti lo spinoso problema del rapporto fra realtà ed invenzione non furono senza esiti nella pur ridotta produzione saggistica del Valignani, e ci sembra comunque giusto inquadrarle nel nostro discorso al fine

10 Sullo Sforza Pallavicino come "philosophe" e teorico della letteratura, cfr. A. ASOR ROSA, "Marinisti, prosatori e teorici del Barocco", in AA.Vv., *Letteratura italiana* cit., cur. var., 5.I, pp. 481-485, e 496 per una prima bibliografia.
11 Su tali questioni, cfr. T. SORBELLI, *Bibliografia muratoriana*, 3 voll., Modena, STM, 1944, vol. II, pp. 18 -20, in part. p. 19, ancora assai utile. Sui rapporti fra il Muratori e l'Abruzzo, cfr., oltre al già citato saggio della De Cecco che contiene il carteggio con il Valignani alle pp. 521-526), cfr. anche U. SPERANZA, "Le relazioni fra L.A. Muratori e A.L. Antinori", in AA.Vv., *Miscellanea di studi muratoriani. Atti e memorie del convegno di studi storici in onore di L.A. Muratori nel bicentenario della morte. Modena, 14-16 aprile 1950*, s.n.c., Modena, Aedes Muratoriana, 1950, pp. 177-186.

di chiarire come tali tematiche accompagnarono per lungo tempo la speculazione dell'autore. E cominciamo con il dire che, in una *Lettera alle figliuole sugli spiriti* scritta nel 1735, Federico mette in campo un sarcasmo quasi tartarottiano per descrivere i fenomeni magici. Vi si legge infatti che[12]

aver timore di questi, [sc. gli operatori e dell'occulto e le loro invenzioni] *è far ingiuria in due modi a Dio; l'uno è in credere, che quell'amore immenso di noi vorrebbe permettere, che un suo nemico ci strapazzasse. L'altro modo è, che si riducano ad una specie d'idolatria questi vari spaventi, che ne prendiamo, quasi che si andasse da noi con riguardo, e riverenza verso un maledetto del nostro creatore. [...] Ridetevi dunque, Figliuole, di Apparizioni, Negromanti, Streghe, Fatture, Incanti, per trovar tesori, sui quali non voglio lasciar dirvi, che il Demonio non ha nessuna potestà.*

Da tutto ciò si può notare come anche per il Valignani la malsana credulità verso il mondo del paranormale, la quale aveva fatto migliaia di vittime nel secolo precedente, aveva ceduto il passo a una meditata

---

12 Cfr. VALIGNANI, *Panegirico, e Rime,* pp. 343-348, in part. per la citazione pp. 345-346.

riconsiderazione degli stessi, con un rifiuto degli eccessi inquisitori che avevano generato la "caccia alle streghe".

Qualche riflessione a parte va fatta riguardo al dottissimo *Discorso sopra il Favoloso*, che non è datato, ma per il quale si può ipotizzare una collocazione fra il 1736 e il 1738[13]. Il breve saggio si suddivide in: a) un'introduzione o esordio; b) un'elencazione di notissime fonti greche e latine sul favoloso umano, come Plinio, Ovidio, etc.; c) un ampio resoconto sulle supposte origini della monarchia svedese, le quali - seguendo una tradizione riportata da Olaus Magnus[14] -

---

13 Cfr. VALIGNANI, *Panegirico, e Rime*, pp. 361-375. L'ipotesi cronologica si basa sul fatto che i testi contenuti nel volume in oggetto sono ordinati cronologicamente, e che il *Discorso sopra il Favoloso* - peraltro dedicato alla «Signora D. Doristella Caracciola de' Marchesi d'Arena» - è posto fra un *Discorso sopra la Nobiltà* composto nell'aprile del 1736, e una lettera al Muratori datata 14 agosto 1738.

14 Il testo dell'*Historia de gentibus septentrionalibus* dello svedese Olaf Stor (1490-1557), detto Olao Magno, mescola ad immagini tratte dalla realtà raffigurazioni di esseri mostruosi e leggendari, come il terribile "serpente di mare" e i "rangiferi", le renne dotate di tre corna. Per la sua presenza nella biblioteca Valignani, cfr. DE CECCO, "Federico Valignani", p. 515. Si può solo supporre che lo specifico incunabolo sia identificabile con *Olaf Stor (Olao Magno) Historia delle genti et della natura delle cose settentrionali*, Venetia,

vengono fatte risalire al mitico re biblico Magog; d) una dissertazione sul favoloso animale, dove vengono menzionati, nell'ordine, i draghi, le sirene e i tritoni. Anche qui le fonti sono numerose, ma molto più recenti: ricordiamo il noto *De Diis Syris* dell'inglese John Selden (orientalista molto stimato, nonché filosofo della politica tenuto in alta considerazione dal Pufendorff)[15];

nella stamperia di D. Nicolini, 1565.

15 Sul Selden, che scrisse anche una *Uxor hebraica seu de nuptiis et divortiis Hebraeorum*, cfr. C. ANTONI, "John Selden", in *Enciclopedia Italiana*, vol. XXXI (1950), p 317. Come scrive Antoni, il *De Diis Syris*, pubblicato nel 1617 e concernente le antiche divinità del vicino Oriente, «può essere considerato ancor oggi come opera di una certa utilità e procurò all'autore fama europea fra i dotti» (p. 317). Su qualche ragguaglio riguardo quest'opera all'interno della problematica storico religiosa di cui essa si occupa, cfr. esemplificativamente A. WILCKEN, "Zu den syrischen Göttern", in AA.VV., *Festgabe für O. Dissman*, 1927, pp. 1-19, citato in A.F. PAULY-G. WISSOWA, *Realencyclopädie der classischen Altertumswissenschaft*, Stuttgart, Alfred Drucken Müller Verlag, 1932 (rist. 1960), col. 1575. Ma la citazione è forse indiretta, vista l'assenza del testo citato nella bibliografia dell'elenco testamentario di cui alla n. 21: si veda anche, oltre al volume sugli usi nuziali ebraici, *Seldenus Johannes de iure naturali et gentium juxta disciplinam Ebraeorum Libri septem. Accessit Novae huic Editioni Index accuratus*, apud Graessius, Argentorati, 1665, a nostro parere sicuramente usato dal Valignani nel suo commento

l'erudito bizantino d'età quattrocentesca Teodoro Gaza[16]; l'abate Benedetto Castelli, allievo di Galileo e maestro del Torricelli[17], e - infine - il dotto umanista ferrarese esperto di questioni antiquarie e mitologiche Giglio (o Lilio) Gregorio Giraldi[18]. Il testo non appare del tutto scettico sull'eventualità che uomini ed animali

del 1741 alle *Lettere giudaiche* di Jean Baptiste de Boyer (per cui vedi DE TIBERIIS, "Federico Valignani", p. 480), anche se non reperibile nell'inventario citato. La propensione per il giusnaturalismo è però dimostrata dalla presenza nell'elenco del *De jure belli et pacis* del Grotius (cfr. DE CECCO, "Federico Valignani", p. 514).

16 Il Gaza, fuggito ai turchi nel 1429, fu insegnante di greco a Siena e Ferrara, nonché al servizio del papa Nicolò V, per il quale svolse una vasta opera di traduttore e divulgatore. Valignani avrà consultato il *De partibus animalium libri IV*, o il *De generatione animalium libri V* di Aristotele, forse letto in *Aristotelis Stagiritae Opera omnia in partes septem divisa*, 4 voll., Venetiis, ex officina Salicatiana, 1576, pars quarta («Libri omnes quibus historia, partes, incessus, motus, generatioq[ue] Animalium atq[ue] Planiarum naturae brevis descriptio pertractantur, Theodoro Gaza interprete»), o anche l'*Historia plantarum* di Teofrasto di Ereso (autore citato anche nel *Discorso sui sogni*), quest'ultima probabilmente in *De Historia Plantarum libri decem Theophrasti Eresii, curavit Ioannes Bodeus a Stapel (Stapelius)*, Apud Henricum Laurentium, Amstelodami, 1644. Tuttavia, nell'elenco testamentario non si fa menzione di questi volumi. Sul Gaza, cfr.

fantastici siano realmente esistenti, ma il tono dell'autore non scende mai ad un livello di cieca credulità, essendo bensì presente una lucida discussione delle fonti anche alla luce delle evenienze criptozoologiche sempre possibili. Il che dimostra come l'erudizione del Valignani, lungi dall'essere soltanto

ora S. PERFETTI, "Cultius atque integrius: Teodoro Gaza, traduttore umanistico del *De partibus animalium*, in *Rinascimento*, 35 (1995), pp. 253-286, con ampia bibliografia.

17 Benedetto Castelli (1577-1643) conobbe Galilei a Padova prima del 1604, e lo raggiunse nel 1611, per collaborare con lui nelle ricerche astronomiche. Nel 1613 fu lettore di matematica all'Università di Pisa. Urbano VIII lo consultò per lavori idraulici (evento da cui egli trasse spunto per l'opera sua maggiore), chiamandolo poi - nel 1626 - a tenere la cattedra di matematica alla Sapienza fino alla morte. A suo merito sta il fatto di aver difeso Galileo dalle accuse rivoltegli durante il famoso processo intentatogli. Cfr., su di lui, E. CARRUCCIO, "Benedetto Castelli", in *Enciclopedia Italiana*, vol. IX (1951) p. 354; e A. DE FERRARI, "Benedetto Castelli", in DBI, vol. 21 (1978), pp. 686-690, molto più aggiornato bibliograficamente. Per altra bibliografia sull'argomento, cfr. A. ASOR ROSA, "Le Accademie scientifiche e gli scolari del Galilei", in AA.VV., *Letteratura italiana* cit., vol. 5.I, p. 380, con elencazione delle opere di idraulica dove forse è contenuta la notizia mentovata dal Valignani.

18 Il Giraldi fu protonotario apostolico presso Leone X e Clemente VII. Su di lui cfr. N. TURCHI, "Giglio Gregorio Giraldi",

una farraginosa "adiectio" di notizie ricavate da testi più o meno validi, si ponga piuttosto come un riuscito tentativo di riprendere la tradizione scientifica degli ambienti toscani della fine del secolo precedente[19].

Ma torniamo ora al *Discorso sui sogni*. Esaminandone la struttura, si potrà subito vedere come esso sia suddiviso - grosso modo - in tre parti più un finale. All'inizio si reperisce il classico esordio, in cui il giovane Federico esorta gli arcadi tegeati alla pazienza, affinché essi possano "sciogliere il canto" solo dopo che il discorso annuale d'apertura dei lavori della Colonia sarà concluso («[...] io [...] debbo, finché i gentilissimi Uditori si ragunano, secondo il nostro istituto la nobile brigata intrattenere [...]»)[20]. In seguito, il lettore trova

in *Enciclopedia Italiana*, vol. XVII (1951), p. 279; e S. Foà, "Lilio Gregorio Giraldi", in DBI, vol. 56 (2001), pp. 452-455. Il testo menzionato dal Valignani (*Addenda in Albanum*) è del tutto minore, e fa pensare che lo scrittore teatino abbia avuto fra le mani l'*Opera Omnia* del Giraldi stampata nel 1558 (e cfr. Foà, "Lilio", p. 453).

19 Cfr. il già citato saggio di Asor Rosa sulle accademie scientifiche toscane (in part. pp. 380-383 per una buona bibliografia sull'argomento).

20 Cfr. "Discorso Pastorale sui Sogni recitato nella Colonia Tegea di Chieti nel Luglio dell'anno 1722", in *Panegirico, e Rime* cit., pp.

una presentazione dell'argomento, il quale è fatto consistere nel resoconto di un sogno allegorico fatto dal Valignani. In questa parte, assai erudita, l'autore espone e discute alcune antiche teorie sui sogni, citando - nell'ordine - Epicuro, Petronio, Teofrasto e Macrobio[21]. L'assenza, fra gli autori menzionati, di Artemidoro di Daldi e di Sinesio non deve stupire, perché essi risultano del tutto assenti nell'elenco dei testi posseduti dalla biblioteca Valignani[22]. Si noti l'equilibrio delle citazioni: due autori greci alternati a due latini, quasi a voler connotare una sostanziale equidistanza di giudizio, nonché il rispetto di quelle "fontes antiquae"

62-75, in part. pp. 62-63 per la citazione.

21 Vedi ivi, pp. 63 -67.

22 L'elenco, custodito presso l'Archivio di Stato di Chieti, è stato pubblicato in DE CECCO, "Federico Valignani" cit., pp. 512-516. Il testo della De Cecco, peraltro, da indicazioni contrastanti in riferimento alla reperibilità dell'inventario in cui l'elenco stesso risulta essere contenuto. In un primo momento, esso è erroneamente attribuito al notaio Domenicantonio Giufici (pp. 504); secondariamente, con indicazione stavolta giusta, alle carte dell'altro notaio teatino Francesco Paolo Carnesale (in A.S.CH. notarile, Francesco Paolo Carnesale di Chieti, 1754, cc. 29 v. 47, citato ivi a p. 519). Fra i testi menzionati nell'elenco, va indubbiamente sottolineata la presenza dell'operetta di Muratori (e cfr. p. 515).

che costituivano il pilastro portante della cultura arcade. La parte centrale del *Discorso* è rappresentata dall'esposizione del sogno allegorico, a cui segue un finale precettivo, dove il Valignani esorta i suoi compastori ad imitare gli illustri personaggi ritratti nel giardino di Apollo[23]. Questa sezione viene strutturata come un "mix" di prosa e poesia, e in essa, almeno all'inizio, si avvicendano la voce del Valignani e citazioni di versi d'autori famosi (Sannazzaro, Tasso, Petrarca e Orazio). Il sogno viene narrato secondo moduli formali ben conosciuti (si pensi, ad esempio, alla *Coena Cypriani*, oppure alla *Hypnerotomachia Polyphili* del Colonna); la vicenda onirica ruota attorno a una "visita guidata" al giardino di Apollo, dove Federico viene condotto dall'amico Euganio, al secolo Benedetto Menzini[24]. Il Menzini, com'è noto, fece parte

---

23 Cfr. VALIGNANI, *Discorso*, pp. 67-75.

24 Nato a Firenze nel 1646 e morto a Roma nel 1704, Benedetto Menzini era di umili origini ed ebbe la possibilità di studiare solo grazie all'interessamento del Marchese Salviati; dopo essere stato ordinato prete, divenne col passare degli anni sempre più feroce e sarcastico contro i suoi avversari; interessanti le *Satire*, violenta polemica contro i vizi del secolo (avarizia,, invidia, ipocrisia) e le *Rime*. Si tenga presente che, significativamente, in testi di poco successivi i componimenti menziniani sono accostati a quelli del

di quegli scrittori che operarono nell'ambito dell'Accademia della Crusca, come Benedetto Buonmattei, Alessandro Guidi, Francesco de Lemene, Carlo Maria Maggi, e - infine - quello stesso Vincenzo da Filicaia citato dal Valignani con il nome di Polibo fra le piante che adornavano il giardino in questione[25].

Sannazzaro, altro autore citato nel discorso di Valignani. (cfr. *Le tre Arcadie, ovvero Accademie Pastorali di Messer Jacopo Sannazzaro, del Canonico Benedetto Menzini, del signor abate Michel Giuseppe Morei*, Venezia, presso Giambattista Novelli, 1756) Sul Menzini, la bibliografia contenuta in A. ASOR ROSA, "Satirici, ditirambici, didascalici", in AA.VV., *Letteratura italiana* cit., voll. 5.I e II ("Il Seicento"), in part vol. 5.II, p. 564; ma in particolar modo si veda C. DI BIASE, *Arcadia edificante: Menzini, Filicaia, Guidi, Maggi, Lemene*, Napoli, ESI, 1969 pp. 25-138; e U. LIMENTANI, *La satira nel Seicento*, Milano-Napoli, Ricciardi, 1961, pp. 283-338, assenti nella bibliografia riportata da Asor Rosa.

25 Filicaia nacque a Firenze nel 1642, lo stesso anno in cui vedeva la luce Newton e moriva Galileo. Si laureò in legge a Pisa, ricoprendo anche cariche di governo e diplomatiche sotto i Medici. Fu governatore di Volterra nel 1696 e di Pisa nel 1700. Fece parte dell'Accademia della Crusca, e fu uno dei fondatori dell'Arcadia. Morì nel 1707. Oltre a numerosi sonetti e poesie, dedicati anche a Redi, Filicaia scrisse numerosi componimenti che trattavano della difficile situazione politica italiana di fine Seicento. Compose, in particolare, sei *Canzoni* ispirandosi all'assedio e alla liberazione di Vienna del 1684, che gli permisero

Costoro, cercando di coniugare la nobile tradizione della prosa scientifica con la difesa del patrimonio letterario antico, collaborarono in diversa guisa ad arginare il gusto barocco, e prepararono quella restaurazione classicistica che ebbe la sua sanzione ufficiale proprio con la fondazione dell'Arcadia

di raggiungere la notorietà e di ottenere la protezione di Cosimo III. Filicaia si oppose al movimento del marinismo, e si dichiarò sempre a favore di una poesia impegnata. Insieme a Benedetto Menzini, fu tra gli scrittori del Seicento che si proposero di cantare "in grande", ridando dignità di intonazione alla poesia e tenendosi lontano dalla fatuità del gioco sensuale e amoroso. La pubblicazione delle opere di Filicaia fu portata a compimento dal figlio Scipione: nel 1707 uscirono le *Poesie toscane*, e nel 1771 le *Opere*. Nel corso dell'Ottocento vennero poi pubblicate *Prose e rime inedite*, quindi *Poesie e lettere*. Nel *Bacco in Toscana* Redi lo celebrò in questi termini: «[...] quei, che in Pindo è sovrano, e in Pindo gode/ glorie immortali, e al par di Febo ha i vanti,/ quel gentil Filicaia inni di lode/ su la Cètera sua sempre mi canti [...]». Tutte queste notizie in *www.francescoredi.it*, ma sull'autore cfr. anche, oltre al testo del Di Biase citato in precedenza (alle pp. 139 ss.gg.), A. ASOR ROSA, "Classicismo e antimarinismo: poesia sacra e civile, melica e oratoria", in AA.VV., *Letteratura italiana* cit., vol 5.I, p. 586. Più di recente, cfr. M.P. PAOLI, "Vincenzo Filicaia", in DBI, vol. XLVII (1997), pp. 658-660, con una bibliografia assai più aggiornata. Si noti che i versi del Filicaia compaiono anche nell'elenco testamentario della Biblioteca Valignani (e cfr. DE

romana. Il sogno del Valignani, in realtà, consiste soprattutto in un'elencazione di scrittori famosi ormai defunti, da Omero a Tasso, i quali vengono posti nell'"hortus" di Febo perché glorificarono con le loro opere la nobile arte della poesia. Tra di loro - a completare con il Menzini e il Filicaia una triade assolutamente significativa - non poteva mancare l'inserimento di Francesco Redi, conosciuto principalmente come scienziato, ma anche valente autore del *Bacco in Toscana* e amico carissimo dei due autori già citati[26]. La menzione di questi tre personaggi è illuminante, anche per ragioni biografiche: il

CECCO, "Federico Valignani", p. 514).

26 Scienziato e cortigiano, medico e letterato, archiatra per più di trent'anni di due Granduchi di Toscana, prima di Ferdinando II e poi di Cosimo III, accademico dell'Arcadia, del Cimento e della Crusca, Redi (1626-1697) fu uno degli ultimi ingegni veramente enciclopedici della cultura occidentale. Su di lui si veda ora il già citato sito *www.francescoredi.it*, dov'è possibile reperire una nutrita e recente bibliografia; ma si vedano i ragguagli bibliografici contenuti in ASOR ROSA, "Satirici" cit., pp. 563-564 (sul Redi satirico e poeta d'occasione); e IBID., "Le accademie scientifiche e gli scolari di Galilei", in AA.Vv., *Letteratura italiana* cit., vol. 5.I, pp. 381-382 (sul Redi scienziato). Per la presenza del *Ditirambo* del Redi nel solito elenco testamentario, cfr. DE CECCO, "Federico Valignani", p. 514.

Valignani ebbe modo di conoscerne le idee nel corso del suo viaggio a Firenze, proprio presso la corte di quel granduca Cosimo III che fu uno dei più attivi paladini delle nuove istanze intellettuali primosettecentesche[27]. Il gruppo ruotante attorno al Redi era impegnato in una strenua lotta conto il vecchio ciarpame barocco, nella piena adesione a quegli ideali di misura e di armonia stilistica che furono propri delle nuove generazioni di poeti e prosatori. Ciò dimostra ancor di più, se ancora ce ne fosse bisogno, come lo scrittore teatino si tenesse costantemente informato sui progressi del dibattito culturale contemporaneo sin dalla giovinezza, anche attraverso la conoscenza delle varie tendenze regionalistiche in cui il movimento arcade ebbe a svilupparsi nel corso del tempo. La cosa, come si vedrà, è indirettamente confermata dalla lettura delle *Rime*, che invece si conformano alle direttive stilistiche e morali allora in discussione nell'ambiente romano.

---

27 Su tale viaggio, stranamente ignorato dal saggio bio-bibliografico del De Tiberiis citato in precedenza, cfr. R. AURINI, "Federico Valignani", in IBID., *Dizionario bibliografico della gente d'Abruzzo*, Teramo, Ars et Labor, 1958, vol. III, pp. 428-433; in part, per la notizia, p. 428.

Al termine di questa prima e complessiva analisi delle opere in prosa, emerge il ritratto di un giovane autore pienamente consapevole della propria situabilità all'interno di quella cultura a cui egli stesso dava il proprio entusiastico consenso, con l'adesione sagace a tutte le proposte operative che gli uomini colti del tempo avevano saputo individuare come scavalcamento della vecchia "forma mentis" del secolo precedente.

3. Ma è necessario ora soffermarsi più specificamente sulla produzione poetica. In tale ottica, non si può tacere preliminarmente un dato di fatto, inequivocabile e ineliminabile: tutti i testi settecenteschi si caratterizzano per la loro natura sociale, il loro collocarsi all'interno di ambienti accademici o mondani, la frequente destinazione ad occasioni private e solennità pubbliche, la diffusione e circolazione tra letterati attraverso - nel caso delle opere poetiche - la recitazione pubblica nelle dimore signorili, nei circoli, nelle feste; una cultura, insomma, che fosse l'espressione della "Stimmung" illuministica e progressista di cui il secolo si nutre. Talché si può affermare senza ombra di dubbio che in questi anni la

poesia è essenzialmente uno strumento di comunicazione sociale, avendo essa, fra i tanti, soprattutto fini gnomici, polemici, didattici e filosofici. Peraltro, l'attività poetica del Settecento, nel senso estetico coevo, concorre alla più generale funzione della creazione artistica in una società aristocratica: quella di allietare ed adornare la vita quotidiana, fornendo alla sensibilità e all'immaginazione una descrizione piacevole di oggetti, scene di vita, eventi, situazioni, sentimenti. Nella poesia settecentesca si riflettono, ovviamente, le contraddizioni del tempo: la società, che va cautamente distaccandosi da una visione aristocratica del messaggio culturale, afferisce continuamente ai propri testi, dipingendo in essi i riti, i piaceri, il servilismo e perfino l'angoscia che la contraddistinguevano. «Diletto e ornamento, dunque, anche quando lo sguardo dell'autore divenisse più critico e disincantato, e la mimesi, mutata nella caustica deformazione della satira, acquistasse il tratto mordace della caricatura»[28]: le figure immortali della donna civetta, del cicisbeo, del vecchio pedante, del giovane scapestrato, lungi dall'essere unicamente pedissequa

---

28 Cfr. G. GRONDA, intr. a AA.Vv., *Poesia italiana. Il Settecento*, cur. ibid., Milano, Garzanti, 1978, p. VIII.

traccia di un inutile recupero di modelli antichi, o trasposizione teatrale di archetipi già presenti nella "Commedia dell'Arte", creano un universo umano reperibile anche nella poesia, e testimoniano compiutamente il tipo di società da cui essi derivano. Il pubblico dei lettori delle opere in versi, quindi, non si identifica più esclusivamente con la società cortese o con l'alta borghesia mercantile, ma si allarga a comprendere ceti diversi, come gli artigiani, o comunque chi appartenesse a quelle classi sociali che prima ne erano escluse. Chiarite le caratteristiche dei destinatari, c'è ovviamente da domandarsi quale fosse lo stato professionale dei mittenti, cioè i poeti. Erano essi poveri diavoli privi di mezzi, versificatori squattrinati che cercavano di arrotondare le loro magre risorse tramite l'esercizio letterario? Oppure erano intellettuali organici alle classi d'appartenenza, che avevano un preciso progetto ideologico e non mancavano di strutturare le loro opere in modo da dimostrare quello stesso progetto in modo sempre compiuto? In questo periodo i poeti, come i teatranti, sono abati, precettori, uomini di corte; ma anche, più semplicemente, liberi professionisti che, calati nelle polemiche socioculturali del loro tempo, intendono esprimere la propria "Welthanschauung". Nel caso del Valignani, senza dubbio, bisognerebbe attenersi a tali modelli solo nella parte compositiva, dato che egli non faceva della letteratura una professione; ma chi può distinguere tra letteratura e vita, quando il poeta cortigiano diviene stanco ripetitore di motivi altrui, e - al contrario - il letterato d'occasione offre degna prova di sé costruendo modelli artistici originali? Non c'è, dunque, un'univoca caratterizzazione sociale, e di scarsa rilevanza appare il fatto che il Valignani non rientrasse nel cospicuo novero dei chierici secolari, non ricoprendo quella carica di abate, che fu tratto comune, come s'è detto, a più d'uno degli intellettuali settecenteschi[29]. Forse, l'unico dato costante può esser rappresentato dal fatto che anche lo scrittore teatino apparteneva ad un'accademia, ma nemmeno ciò costituisce un elemento da sopravvalutare. Bisogna invece mettere in chiara evidenza che anche Federico Valignani è figlio del suo secolo, e - fra le righe, pur confusamente e in modo del tutto indiretto - nella sua poesia si riflette quello che è il più significativo dei problemi del suo tempo, cioè la crisi della nobiltà. Sempre più minata nel suo plurisecolare predominio sia

---

29 Cfr. GRONDA, in *Il Settecento*, p. XI.

politico che economico, la classe gentilizia diviene oggetto frequente di critiche e di satire, quando non di sberleffi, che negano qualsiasi diritto acquisito per esclusiva nascita, e mirano a colpire pregiudizi e malcostume. Insomma, a voler considerare la figura del giovane Valignani nei suoi rapporti con la letteratura propriamente detta (intendiamo quella che attiene al campo dell'invenzione poetica), non si può non rimanere un poco sconcertati, vista la sostanziale episodicità delle sue *Rime*. Più che come intellettuale a tutto tondo, egli vuol porsi essenzialmente come il classico «modello dell'aristocratico geniale dilettante tutt'altro che raro nell'Abruzzo settecentesco [...]», che - in nome di «un irrigidimento nobiliare e privilegiato caratteristico [degli] illuministi» della regione - non rinuncia in nessun caso alle sue prerogative castali[30].

4. Si è detto prima che Valignani, come molti suoi contemporanei, fu accademico d'Arcadia, ricoprendo la carica di vice custode della Colonia Tegea da lui stesso

---

30 Cfr. R. COLAPIETRA, "Abruzzo citeriore, Abruzzo ulteriore, Molise", in AA.VV., *Storia del Mezzogiorno*, cur. G. GALASSO-R. ROMEO, Roma, Edizioni del Sole, 1986, vol. VI ("Le province del Mezzogiorno"), pp. 17-266, in part. pp. 136 ss.gg.

fondata a Chieti nel 1720[31]; si dovrà ora sottolineare che sin da giovane egli compose liriche di varia natura, in una produzione poetica che non si discosta dal gusto corrente se non per una certa brillantezza di spirito. Le *Rime*, significativamente, sono pubblicate nel 1722, che, come si sa, è anche l'anno di edizione dell'ultimo dei

31 Cfr. AURINI, "Federico Valignani" cit., p. 430. Si consideri che la produzione arcadica è ben presente all'interno della biblioteca del Valignani. A parte i già menzionati testi di Redi e Filicaia, reperiamo le *Rime degli Arcadi* (cfr. DE CECCO, "Federico Valignani", p. 514), e quelle di Eustachio Manfredi (ivi, p. 515). A proposito di quest'ultimo, va rilevato che - come nel caso del Redi - egli fu contemporaneamente scienziato e poeta, insegnando egli matematica a Bologna come lettore pubblico dal 1699. Con una vicenda esistenziale curiosamente assai simile a quella del Castelli, si occupò degli acquedotti bolognesi come soprintendente a partire dal 1711, e fu direttore del locale osservatorio astronomico. Come poeta, scrisse anche libretti per melodramma, e nel 1706 si inserì nelle polemiche sul petrarchismo con un'importante lettera, nella quale divideva le scuole di poesia coeve in due sezioni: 1) quella chiabreresca o eroica che si rifaceva a Pindaro e Orazio; 2) quella petrarchesca o di materia amorosa, nella quale lui stesso si poneva. Su di lui, cfr. G. COMPAGNINO-G. SAVOCA, "L'Accademia d'Arcadia e i suoi esordi", in AA.VV., *Letteratura italiana* cit., 6.I, pp. 58 - 59 e pp. 67-68 per una buona bibliografia. Per un integrazione, cfr. anche E. BORTOLOTTI, "Eustachio Manfredi", in *Enciclopedia Italiana*, vol.

nove volumi delle *Rime degli Arcadi*. La propensione per quello che si potrebbe definire "esprit de finesse" fu peraltro una costante della letterarietà del Valignani, che, pur palesando una notevole predilezione per la "varietas loquendi", non riesce ad eliminare completamente dal suo lessico la genericità. Nelle *Rime* si assiste inoltre ad un sostanziale rifiuto della poesia intesa come impegno civile, con la presenza di una forte carica panegiristica accanto a pochi e stilizzati riferimenti paesistici e oraziani. La finzione, elemento retorico prediletto dal giovane Valignani, è però presente in tutte le poesie, ed assume valore eminentemente ludico: i componimenti della raccolta, infatti, si mostrano quasi tutti nutriti di amabile scetticismo, in una divaricazione strutturale che sarà tipica anche del Valignani maturo. La letteratura, per il giovane arcade teatino, non era ancora che un "divertissement", forse del tutto trascurabile a petto della facezia orale, della battuta da salotto, o degli studi filosofici ed eruditi che egli pure porterà avanti con ardore. Certo, sarebbe azzardato affermare che i carmi valignaniani violino i sacri principi di "ordine", di "chiarezza" e di "decoro" che il Crescimbeni e il Gravina

XXII (1951), pp. 110-111.

avevano posto come basi dell'Arcadia romana[32]. Tuttavia, e senza far torto al dato ermeneutico globale, si può senz'altro dire che il nostro adoperava quegli stessi principi in una prospettiva più gioiosa, meno coerentemente moralistica, nella ricerca di un'originalità che tentasse di collocarlo - pur senza grande successo - al di fuori della gran pletora di quei poeti d'occasione che stavano sorgendo in Italia come funghi.

5. Il volume delle *Rime* contiene 123 componimenti, di cui ben 109 risultano essere sonetti. La predilezione valignaniana per il sonetto si spiega con la sostanziale occasionalità di tutte le poesie della raccolta. Esse infatti rientrano a pieno titolo all'interno di quella produzione episodica che - come s'è detto in precedenza - contraddistingue i rimatori del periodo. Il testo si compone di due sezioni: la prima contiene 98 liriche, quasi tutte d'argomento encomiastico; la seconda, invece, presenta esclusivamente componimenti di tematica amorosa, e consiste di 25 liriche. L'evidente sproporzione esistente fra le due sezioni fa ritenere che

---

32 Su cui, brevissimamente e per un ragguaglio velocissimo, vedi GRONDA, in *Il Settecento*, p. XII.

la seconda sia da considerarsi alla stregua di un'appendice, probabilmente messa insieme unificando poesie composte dal nostro nella primissima giovinezza. Quest'ultimo dato è deducibile dal fatto che, nella prima sezione, l'autore dedica quattro sonetti alla moglie, mentre nella seconda si trovano versi di natura del tutto diversa e di stampo chiaramente petrarchesco. La stragrande maggioranza di queste poesie non ha, ovviamente, un grande valore. Si tratta di liriche dedicate a nobiluomini e/o gentildonne, di cui si elogiano soprattutto le qualità e le virtù nobiliari. Leggiamo ad esempio questo sonetto dedicato al Duca Conti d'Acquasparta[33]:

Già l'empio orgoglio di fortuna infranto
Veggio per Te, Signor; già Tu riporti
Ad onta di sue frodi, e de' suoi torti
La tua Virtude in trionfale ammanto.

33 Cfr. *Rime di D. Federigo Valignani Marchese di Cippagatti, Patrizio Romano, e Chietino Tra gli Arcadi Nivalgo Aliarteo Vice-Custode della Colonia Tegea. All'Eccellellentissima Principessa D. Giacinta Conti Cesi Duchessa d'Acquasparta*, in Roma, 1722, Per Antonio de' Rossi alla Rotonda. Con Licenza de' Superiori, p. 21.

Alla sua Reggia ti richiama il Santo
Cenno del tuo gran Zio. All'alme forti
Così l'alto voler di Dio le sorti
Muta, cangiando in dolce gaudio il pianto

Vanne lieto agli onori, e amico il ciglio
A me rivolgi, che nel fior degli anni
Della crudel, qual Tu, provai l'artiglio.

Per Te spero, che un dì spiegherò i vanni
Dal timor scioltod'ogni fier periglio
E ch'abbian fine i miei sì lunghi affanni

In questo caso, l'elogio del Duca Carlo, forse
causato dal fatto che costui stava per ricevere dallo zio
Innocenzo XIII la Gran Croce dell'Ordine del Santo
Sepolcro, si muove secondo i consueti canoni della lirica
panegiristica precedente, nonché in base ad analoghe
strutture semantiche presenti nella poesia arcadica più
illustre. La cosa più interessante si ricava dal fatto che le
liriche dedicate agli esponenti della nobile famiglia di
cui s'è detto non sono rare; anzi, la dedicataria
dell'intero volume è la principessa Giacinta Conti Cesi,
putacaso sorella del papa summenzionato, allora da

poco salito al soglio pontificio. E invero l'esaltazione della famiglia Conti d'Acquasparta è il "Leitmotiv" su cui si regge l'intera raccolta. La ragione di questa propensione all'elogio dei membri di questa famiglia non deriva dalla volontà di ossequiarli per ottenere qualche beneficio pratico nella corte romana; infatti, il pontificato di Innocenzo XIII, che regnò dal 1721 al 1724, si caratterizzò per la quasi totale assenza di rigurgiti nepotistici o clientelari, nell'ottica di un progressivo superamento delle cattive usanze del passato[34]. Con ogni probabilità, invece, i panegirici del Valignani vanno visti piuttosto come il tentativo di stringere un forte legame con il casato Conti, allora in grande ascesa, nell'ottica di quel vincolo di parentela che - com'è noto - univa i Valignani alla famiglia papale[35]. I danteschi "due soli" magnificati dal Valignani mediante evidenti richiami pindarici - cioè il papa e Carlo VII re di Napoli - testimoniano inoltre come in giovane età lo scrittore non intendesse

---

34 Su di lui, cfr. L. PASTOR, *Storia dei papi*, trad. it., Desclée & C., Roma, 1962, vol. XV, pp. 413-486, in part., per un breve profilo caratteriale, pp. 435-436.
35 Cfr. U. RUSSO, "La vita culturale", in AA.VV., *L'Abruzzo nel Settecento* cit., pp. 29-52, in part., per la notizia, p. 31.

assolutamente discostarsi da un'equanime linea di legittimismo dinastico e religioso. Ecco, a tal proposito, un sonetto composto in occasione dell'assunzione di Innocenzo XIII al pontificato[36]:

Quando da me sul presagito soglio,
Ove sta Teco in Maestà la Fede,
Grande Innocenzo, Io ti baciai quel Piede,
Che dell'Inferno calca il fiero orgoglio;

Tesser, dissi fra me, più serti Io voglio
Di fiori Ascrei a' piè dell'alta Sede,
Ond'Egli, che sì degno ora vi siede,
Vada qual gli Avi andar sul Campidoglio.

Ma quando fissi i cupidi miei sguardi
Di riverenza pien T'alzai sul volto,
Io tutti i miei pensier provai bugiardi.

Tanto splendore in lui trovai raccolto,
Che lo carmi formar timidi, e tardi
Da quel chiarore adesso ancor mi è tolto.

---

36 Cfr. VALIGNANI, *Rime*, p. 5.

Siamo di fronte, insomma, a un Valignani perfettamente integrato nel suo contesto sociale, ancora ben lontano dal cospiratore antiborbonico del 1744[37]. Ma non tutte le *Rime* si caratterizzano per ovvietà di motivi; da segnalare proprio i quattro componimenti dedicati alla moglie, che non sono privi di soffusa dolcezza, e che mostrano un loro intimismo assolutamente realistico e quasi privo di artificiosità. Si legga quanto segue[38]:

Torbido mugge il mar, verso le Stelle
S'alzano le superbe onde spumose,
E par, che voglia le mondane cose
Tutto mischiar Nettuno irato in quelle.

Pur, se per recar pace alle procelle
Batte sereno vento ali vezzose,
Poste giù l'ire sue tanto orgogliose,
Placide mostra il mar l'onde, e più belle.

Il tempestoso mare era quest'alma,
Dolce mia Sposa, e tu quel vento sei,

37 Cfr. De Tiberiis, "Federico Valignani" cit., p. 481.
38 Cfr. Valignani, *Rime*, p. 81.

Che le rendi l'invan sperata calma.

A te mi volgo, e degli affetti miei
Deposta l'affannosa ingiusta salma,
Solo l'additerò per suoi trofei.

In questa lirica, si notano due note allegorie: la prima è quella dell'anima tormentata dagli affanni come un mare scosso da una tempesta; la seconda, invece, si riferisce all'amore, che viene a pacificare i dissidi interiori come un vento di bonaccia. Esse però sono qui piegate a una visione con cui il sentimentalismo tipico della poesia di quel periodo si scioglie finalmente in una pacata meditazione sui valori umani. Va ricordato che tali campi metaforici possono essere ricondotti senza dubbio alla lezione petrarchesca. Si vedano, nel *Canzoniere*, i sonetti 91; 189; 235; nonché la canzone 366, dove - con l'uso di palesi richiami danteschi - il ruolo di guida nell'uragano dei propri sentimenti è attribuito alla Madonna[39]:

39 Cfr. "Letteratura Italiana Zanichelli" (d'ora in poi citata come LIZ) 3.0, c. P. STOPPELLI-E. PICCHI, s.l.e. (ma Bologna-Roma), s.d. (ma 1998), cd-rom n. 2 ("Da Petrarca all'Umanesimo").

[...]
Vergine chiara et stabile in eterno,
di questo tempestoso mare stella,
d'ogni fedel nocchier fidata guida,
pon mente che in terribile procella
i' mi ritrovo sol, senza governo,
ed ò già da vicin l'ultime strida.
[...]

Si noti, a margine, che le stesse tematiche si trovano in sonetto del lancianese Bernardo Maria Valera, tra l'altro espresse con una certa qual congruità lessicale, a dimostrare insindacabilmente come la topica fosse assai diffusa negli ambienti che - direttamente o indirettamente - afferivano alla cerchia del Valignani[40]:

Sereno il ciel ridea: chiaro e soave
Speglio al Ciel facean l'onde: aura fedele
Con lento amico fiato empiea le vele;
Ond'io securo in mar spinsi la nave.

---

40 Cfr. *Raccolta delle poesie di frate Bernardo Maria da Lanciano cappuccino divisa in due tomi. Tomo I. Che contiene le poesie di vario argomento*, in Napoli, 1759, Nella Stamperia Simoniana, Con licenza de' superiori, p. 143.

Quand'ecco sorger fiera orrida e grave
Tempesta: oscuro il Ciel, l'onda infedele,
L'aura divien terribile; e crudele
Ogni cosa di morte color ave.

Che far poss'io? Non ho forza e virtute
Per contrastar colla procella; e alcuna
Speme non ho di ritornare indietro.

Il sol rimedio è abbandonarmi al tetro
Furibondo voler della Fortuna
E in tal periglio disperar salute.

Altri testi, dal tocco più personale e palesanti una certa sensibilità interiore, sono quelli in cui Federico si pone di fronte alla natura, e ai suoi spettacoli più suggestivi. Eccone un saggio[41]:

La Nube, che girava oscura in alto
Pregna di formidabile tempesta
Già minacciosa dal rotar s'arresta
Per scaricarla con tremendo assalto.

---

41 Cfr. VALIGNANI, *Rime*, p. 80.

O del Pratello mio bel verde smalto,
O folto onor d'amabile foresta!
O lieti campi, o qual strazio s'appresta
D'altro, che vento, o di Cavalli salto!

Ma più misero me, che senza scampo
Mi truovo pien d'insolito spavento:
Già n'odo i tuoni, e già m'abbaglia il lampo.

Coperto è il sole in ogni parte, e il vento,
Che potea farsi alla tempesta inciampo,
La seconda per mio maggior tormento.

Tuttavia, anche in questo caso le suggestioni della poesia precedente non mancano. Ci si consentano taluni esempi. Il "verde smalto" del "pratello" citato al verso 4 rimonta con sicurezza al canto 4 dell'*Adone* di Giambattista Marino, dov'è mirabilmente descritto il sonno di Venere[42]:

[...]
Qui da novo stupor confusa e vinta

___

42 Cfr. LIZ 3.0 cit., cd-rom n. 4 ("Barocco, Arcadia, Illuminismo").

Su'l fiorito pratel siede pensosa,
che 'l fresco insieme e morbido le serba
tetto di fronde e pavimento d'erba.
[...]
Dal sonno presa al fremito del'acque
Su 'l verde smalto addormentossi e giacque.

Se si tiene presente quanto già detto riguardo la conoscenza critica che delle opere di Marino il Valignani possedeva, la cosa non stupisce di certo. Né meraviglia reperire, specificamente al verso 7, ma con chiari e diffusi rieccheggiamenti di struttura ben individuabili nell'utilizzo dei vocativi, il riflesso di un sonetto del poeta barocco salentino G. Palma[43]:

O felici di dauno alme contrade
ove ha sede il riposo, o campi lieti,
o folti boschi solitari e queti,
che l'ondoso Adrian circonda e rade,

o monti, o valli, o piante onde ognor cade
salubre manna, o fidi antri secreti
ove zefiro ha regno, o querce e abeti

---

43 Vedi ivi.

il cui rezzo fe' d'or la prisca etade;

ben reo tenor di non amica stella
m'invidia il vostro caro ermo ricetto
che la mia vita ai suoi diporti appella.

Ma siami il voi goder dal ciel disdetto,
e' non potrà l'immagin vostra bella
tòrre al pensier, ch'è suo continuo obbietto.

Ma le *Rime* di Valignani si diffusero anche al di là del ristretto ambiente teatino. Ne sono testimonianza alcuni stilemi di cui il nostro si serve fra i versi 6 e 9 del suo sonetto e che poi - con ogni probabilità - vennero usati dall'abate Casti nei suoi *Animali parlanti*[44]:

[...]
Dall'ali allor lo scotimento, il rombo
E il gorgogliar dell'intanato vento,
nel cavo fesso fea cupo rimbombo,
e il cor empia d'insolito spavento:
e dall'oscurità misterïosa
quegli esce, e in cima al sorbo allor si posa.

44 Cfr. ivi.

[...]

Ciò, se non altro, dimostra che all'epoca il Valignani fu poeta universalmente stimato, cosa che peraltro si può facilmente ipotizzare se solo si pensa ai legami che univano tra di loro le varie colonie arcadiche d'Italia. Va notato, a latere, come entrambi i sonetti citati si nutrano di un'atmosfera vagamente sepolcrale, che sembra anticipare analoghi componimenti preromantici.

Codeste osservazioni, è ovvio, sono solo il frutto di un sondaggio superficiale, e andranno approfondite in altra sede. Quello che ci preme sottolineare, a conclusione del discorso esegetico, consiste in questo: dalla breve analisi effettuata sui temi e sui contenuti delle *Rime*, emerge la figura di un intellettuale a tutto tondo, che si attagliava quasi completamente al panorama culturale della società in cui vive, e che evitava - nel pieno rispetto delle regole accademiche - di proporre elementi che divergessero da una norma ormai acquisita.

6. Un discorso diverso va fatto per lo stile e per la lingua. La peculiarità linguistica del giovane Valignani,

la sua distanza tanto dalla tradizione secentesca o dal purismo toscaneggiante degli eruditi, quanto dalla piatta imitazione della sintassi francese, è elemento indubbiamente da rilevare. Tuttavia, pur in una politezza stilistica che non scade mai nella banalizzazione, la poesia giovanile di Federico Valignani assume un chiaro portato di continuità rispetto ad altri autori del periodo come lo Zappi, il Rolli o il Frugoni. Si ricordi, come rileva Tina Matarrese[45], che,

se nella prosa la lingua si apre alla modernità cercando di farsi strumento di comunicazione adeguata alle richieste dei tempi, nella poesia si rivendica con nuovo vigore la tradizione. Il patrimonio di "parole diverse" e "forme di dire", quel "distinto, e speciale linguaggio", per usare l'espressione del Manfredi [...], che faceva dell'italiano la lingua per eccellenza più adatta alla poesia e più in sintonia con le lingue classiche, è ora rinverdito dal recupero della classicità e istituzionalizzato dalla pratica di un esercizio di

---

45 Cfr. T. MATARRESE, *Storia della lingua italiana. Il Settecento*, Bologna, Il Mulino, 1993. Sulla lingua dei poeti, pp. 153-164, ma in part., per la citazione in oggetto, p. 153. Il testo della Matarrese fa parte dell'ottima serie curata da Francesco Bruni.

imitazione, che continua i modi del linguaggio petrarchesco ma in forme più semplici, piane e cantabili.

In ogni caso, neppure in questa particolare occasione il processo di imborghesimento letterario di cui s'è parlato prima comporta la rinuncia ai contenuti polemici e realistici e/o all'uso del dialetto come mezzo congeniale di espressione. Il rischio di diventare "vox loci" viene scansato dal giovane Federico proprio in nome della sua appartenenza al secolo in cui egli scrive, nella piena convinzione che il cosmopolitismo del linguaggio (unico ammissibile) comporti fatalmente una solidaristica comunità d'intenti con il mondo. Certo, la differenza esistente fra i codici volta per volta utilizzati dal Valignani nella sua duplice veste di prosatore e poeta non può non essere considerata un vero e proprio elemento di discrimine. Il problema, del resto, non riguarda la sostanziale affinità linguistica dei due generi letterari, ma la loro totale diversità di contenuti, e - consequenzialmente - la loro sostanziale incapacità di comunicazione. Essi parlano nella medesima lingua di cose diverse, essendo due rette parallele destinate a non incontrarsi. L'elemento unificante è solo uno, ed è rappresentato dal fatto che il Valignani non cancella mai le caratteristiche semantiche di superiorità eugenetica implicate nel suo vocabolario. Egli, infatti, pone in campo terminologie speciali a lui contemporanee, senza trovare alcuna difficoltà nell'estrinsecarle compiutamente. E ciò - cosa curiosa! - accade anche quando si trova costretto ad aprire finestre su realtà a lui anteriori, dove altri avrebbero avuto maggiori difficoltà nel districarsi. Perciò, il rapporto fra i due elementi linguistici presenti rispettivamente nella prosa e nella poesia del Valignani è configurabile come paritario solo accettando alcune limitazioni, peraltro evidenti, nella tramatura del testo. Alcuni punti cardine vengono svelati dalla loro stessa correlazione, e i significati reciproci che essi assumono non sono solo un espediente retorico di mobilità terminologica, o di trasformismo. In altre parole, il "dictatus" dello scrittore teatino definisce un ambito circolare, poiché, se da un lato rivela una medesima lettura contenutistica, dall'altro testimonia anche una variegata molteplicità di motivi e di esperienze tematiche. Tanto che, a voler raffinare l'esegesi, bisogna senz'altro dire che le sfumature di significato presenti nelle tre opere giovanili del Valignani hanno una valenza quasi gigantesca, perché modificano l'impatto stesso delle terminologie rispetto all'uditorio. E non è un caso che esse, rivelando il sostrato erudito in cui vengono a situarsi, siano connotate da una certa ripetitività semantica, in modo da rendere con assoluta efficacia la dimensione comunicativa propria di quel periodo storico.

1. Il titolo dello studio è forse un po' impreciso; è
vero, la stragrande maggioranza degli scritti esaminati
al suo interno è riconducibile all'epoca settecentesca, ma
l'analisi ha voluto spingersi anche qualche anno più
addietro. Ciò è stato fatto nella speranza di chiarire che
le origini delle problematiche affrontate non possono
essere racchiuse in un arco di tempo ben delimitato
dalla sua appartenenza epocale, ma vanno riconsiderate
più largamente, in modo da inserire la questione in un
campo onnicomprensivo[46]. E del resto, negli ultimi

---

[46] Il presnte articolo apparve, in prima battuta, con il medesimo
titolo, in *Studi Medioevali e Moderni*, 2 (2002), pp. 125-145. Sulle
questioni storiche e letterarie relative al Settecento abruzzese,
inscritte anche all'interno di un più vasto panorama europeo,
vedi OLIVA-DE MATTEIS, *Letteratura* cit., pp. 37-44, 81 e 161-175,
con bibliografia; U. RUSSO, *Studi sul Settecento in Abruzzo*, Chieti,
Solfanelli, 1990; ma soprattutto il recentissimo AA.Vv., *L'Abruzzo
nel Settecento*, cur. U. RUSSO-E. TIBONI, Pescara, Ediars, 2000,
anch'esso con ricchissime appendici bibliografiche cui si rimanda
senz'altro. Sul "Secolo dei lumi" in generale, cfr. ora U. IM HOF,
L'Europa dell'Illuminismo, tr. it., Roma-Bari, Laterza, 1999, con
abbondante bibliografia alle pp. 309-314.

decenni, anche grazie alla considerazione maggiore che la storia ha riservato agli aspetti localistici dei fenomeni socioeconomici, il livello di quella che è stata definita come "storia borghigiana" (intendendosi per tale anche il dionisottiano supporto geostorico che viene dato alla letteratura) è indubbiamente salito. Le cosiddette "histoire et literature evenementielles" hanno lasciato il posto ad aspetti diversi, non sempre inscrivibili all'interno di coordinate predefinite. In altre parole, si tratta di comprendere che, in un periodo di rinascita degli etnocentrismi, intesi questi non come razzistico elemento di implosione rispetto ad un mondo ormai globalizzato, ma piuttosto come ricerca delle proprie radici, il duplice stimolo rappresentato dalla riconoscibilità etnica e dalla situabilità nazionale può produrre una svolta, determinando fenomeni di autocoscienza personale assolutamente congruenti all'ormai aduso concetto di "Europa dei popoli". Come scrive Armando Gnisci, «per noi, [...] uomini di cultura europea, tutto questo rappresenta anche il richiamo all'origine e alla vicenda storica del nostro meticciato millenario, che condividiamo con slavi e turchi, saraceni e egiziani, goti e normanni, daci e berberi, e altri ancora»[47]. Talchè non è apparsa fuor di luogo una rifondazione della storia in senso circoscritto, appunto geo-storico, la quale innervasse il dato ambientale all'interno di panorami più vasti. C'è però da chiedersi: è possibile operare una ristrutturazione storiografica di questo tipo, se ci si trova davanti a un centro di media grandezza dell'Abruzzo costiero come è Miglianico? La risposta non è semplice: un primo livello di trattazione può consistere proprio in un sondaggio storiografico-letterario sull'abitato di Miglianico nel Settecento; porlo in essere costituisce già un primo approccio alla problematica in questione, dato che, in prima battuta, il lavoro va necessariamente limitato alla consultazione di documenti quasi tutti di facile accesso, molti dei quali inediti, e alla riconsiderazione critica di tutte le testimonianze tuttora reperibili. Tale operazione, fra l'altro, delinea anche un elemento di novità bibliografica, perché, allo stato, non esiste nessun testo che affronti la storia di Miglianico nell'epoca in questione. Si è preferita, quindi, questa ipotesi di lavoro, valutando che essa avrebbe comunque avuto il sapore di un "work in progress", e che -

---

47 Cfr. A. GNISCI, *Creoli meticci migranti clandestini e ribelli*, Roma, Themis, 1998, p. 19.

secondariamente - un eventuale sondaggio dei documenti archivistici e librari inerenti la questione avrebbe anche potuto dare risultati insoddisfacenti, almeno in riferimento al limitato tempo a disposizione per condurlo. Poi, per quel che ne concerne l'oggetto specifico, si dirà che è stato condotto un primo, superficiale approccio ai documenti archivistici inerenti la Miglianico del secolo decimottavo. In particolare, si sono studiati i processi della Regia Udienza, direttamente classificati sotto la dicitura "Miglianico" e appartenenti quasi tutti al '700. Tuttavia, la documentazione rimanente è assai cospicua[48], e in questa sede è stata omessa l'analisi degli archivi notarili, in minima parte utilizzati da De Cecco e Ciarma nel loro studio sulle fonti notarili del periodo della repubblica napoletana del 1799[49]. Per Miglianico,

48 Per una sommaria indicazione di giacenza dei documenti elencati in seguito, e anche per la loro datazione, cfr. AA.VV., *Guida generale agli archivi di stato italiani*, s.n.c., Roma, MIBAC, 1981, vol. I, pp. 895-914.

49 Cfr. A. DE CECCO-M. CIARMA, "Fonti notarili relative alla Repubblica Napoletana conservate nell'Archivio di Stato di Chieti", AA.VV., *Rivoluzione francese e governo napoleonico in Abruzzo (1789 - 1815). Dalla rinascenza Teramana al riformismo murattiano. Convegno nazionale di studio (Teramo, 27-28-29*

tali atti riguardano il periodo che va dalla la fine dell'Antico Regime alla seconda restaurazione borbonica (1784-1822); secondariamente, non si sono considerati gli atti relativi alle corti locali, che ricoprono genericamente un arco di tempo di circa trecento anni (1525-1808), ma dai quali non si è ancora potuta estrapolare la datazione dei documenti miglianichesi. Di poca importanza ai fini della questione, invece, apparivano gli atti concernenti la conformità dei contratti, databili al periodo napoleonico (1798-1808), e gran parte degli atti demaniali, e in particolare quelli del periodo 1658-1805.

Gli atti di cui sopra, oltre a quelli studiati o riconsiderati nel presente lavoro, sono quelli ascrivibili direttamente a fondi archivistici denominati per mezzo del toponimo; ciò, ovviamente, non esclude che nell'enorme massa dei documenti residui vi possano essere altre notizie utili, le quali potrebbero colmare in futuro le eventuali lacune documentarie sull'abitato e sull'agro di Miglianico nei secoli diciassettesimo e diciottesimo. Anche la definizione "ragguagli letterari" non tragga in inganno: data la scarsezza (per non dire l'assenza) di documenti narrativi settecenteschi

settembre 1990), Teramo, 1992, pp. 155-173, in part. pp. 166 e 171.

riconducibili all'area abruzzese, lo storico della letteratura può e deve far conto di tutte le testimonianze che possano condurre - anche per vie traverse - ad un qualche tipo di giudizio sulla leggibilità e sulla fruizione delle narrazioni romanzate nell'Abruzzo del periodo. Talché si potrà dire che gli eventi descritti nel fascicolo processuale del conte Valignani sembrano richiamare il genere picaresco, che del resto - a partire dai testi di Quevedo, di Guzman de Alfarache, del Lésage, e forse anche del tardo Torres Villaroel - era ampiamente diffuso in tutte quelle zone dove l'influenza iberica si faceva maggiormente sentire (tra cui anche l'Italia meridionale)[50].

2. Esaminando i 126 processi miglianichesi, quasi tutti civili, custoditi nel fondo della "Regia Udienza", è stato subito possibile individuarne gli estremi cronologici, che li datano fra il 1634 e il 1801. Va tuttavia sottolineato che i testi d'epoca seicentesca sono

---

50 Sulla diffusione di questo genere letterario nella cultura europea, cfr. ora F. RICO, "Il romanzo picaresco", in AA.VV., *Mappe della letteratura europea e mediterranea*, cur. G.M. ANSELMI, 2 voll., Milano, Bruno Mondadori, 2001, vol. 1, pp. 330-345, con un cospicuo apparato bibliografico.

due[51], e tre, invece, sono quelli che riguardano e/o si estendono al primissimo Ottocento[52]. La gran massa dei processi è invece collocabile nel secolo diciottesimo, e in particolare fra il 1707 e il 1797, con una netta preponderanza di azioni appartenenti alla seconda metà del secolo. Dalla consultazione dei vari procedimenti, è emersa la necessità di tracciare un quadro statistico che, suddividendoli per tipologie generali, li comprendesse tutti, e fornisse poi una chiave di interpretazione forse sommaria, ma di indubbio interesse storiografico ed esegetico:

NR.	TIPOLOGIA DELL'AZIONE GIURIDICA	TOTALE PROCESSI
1	Recupero di crediti (in natura o in denaro)	47
2	Controversie agrarie (proprietà di terreni e di raccolti, servitù di passaggio,	18

51 Cfr. Archivio di Stato di Chieti, *Regia Udienza* (d'ora in poi, rispettivamente, ASC e RU), V, 124 e XXIX, 862.
52 Ivi, CCLXXVII, 8134 (1794-1801), e soprattutto CCII, 6070 (1801) e CCXCII, 6552 (1793-1805).

	questioni relative alle enfiteusi, etc.)	
3	Pagamento di onorari e rimborsi spese da parte di professionisti (medici, avvocati, etc.)	7
4	Controversie ereditarie (testamenti impugnati, rivendicazione di beni, etc.)	9
5	Controversie relative a case di civile abitazione (sfratti, indebita costruzione, etc.)	6
6	Controversie dotali	5
7	Mancate rese dei conti da parte di amministratori, privati e pubblici	5
8	Atti inerenti cariche pubbliche (azioni di conferma e/o deposizione, elezioni e solleciti di elezioni)	4
9	Richieste di risarcimento danni	4
10	Indebita rescissione di contratti	2

11	Contravvenzioni	2
12	Azioni varie non ascrivibili a nessuna delle categorie precedenti (tasse indebitamente riscosse, richiesta di alimenti, etc.)	17

Come si vede, le azioni per debiti sono di gran lunga le più frequenti, in un'ottica peraltro consueta nel meridione d'Italia di quegli anni: arrivato al termine dell'inverno, il contadino si ritrovava spesso senza cibo e senza sementi, ed era costretto a chiedere prestiti ai maggiorenti del paese (o delle località limitrofe) per poter approntare un nuovo raccolto e sfamare la famiglia. Tali prestiti erano però concessi a tassi d'interesse assai elevati, che spesso provocavano l'insolvenza del contadino e il conseguente sequestro dei suoi miseri beni (l'asino, le suppellettili di casa, etc.). Il secondo "argumentum litis" era la terra: controversie confinarie, usurpazioni, raccolti non dichiarati o dichiarati solo in parte dai mezzadri (e subito richiesti indietro dagli onnipresenti proprietari dei terreni, che venivano sempre a conoscenza di siffatte frodi). La terra era l'unico mezzo di sostentamento nella Miglianico del secolo diciottesimo, ed attorno ad essa ruotavano tutte le altre attività, anche quelle artigianali; è da rilevare che le varie cause inerenti il possesso di beni fondiari hanno mostrato come nell'agro miglianichese - a somiglianza di quanto già avveniva in altre parti d'Italia - stesse sorgendo una robusta borghesia agraria, sovente legata alla nobiltà da vincoli di vario tipo (affittanze, amministrazione di fondi agricoli, controllo delle ricche confraternite laicali, etc.). E' ovvio che, anche allora, l'azione civile poteva essere portata avanti solo da chi possedesse denaro sufficiente a permetterselo; in base a tale prospettiva, e per incrociare i dati relativi alle tipologie processuali con quelli connessi alle varie famiglie e/o gruppi ricorrenti, questi ultimi sono stati ordinati nella tabella seguente:

NR.	FAMIGLIA RICORRENTE	TOTALE PROCESSI
1	Valignani	25
2	Confraternite religiose, cappelle, monasteri, etc.	7
3	Di Giorgio	6
4	De Luca	5
5	Maciulli	5

6	Cataldi/Cataldo[53]	5
7	Maranca/Maranga[54]	5
8	Nolli, di Chieti (ma baroni di Tollo)	3
9	Mariani	3
10	Testa, di Canosa Sannita	3
11	Coccia	3
12	Caramanico	2
13	Antonelli	2
14	Battimelli, di Chieti	2
15	Volpe	2
16	Lopo/D'Aversa	2
17	Enti pubblici	2
18	Azioni collettive	2
19	Della Selva	1
20	Lopo	1
21	D'Aversa	1
22	Ciavolich	1
23	Paolucci	1
24	Bernardi, di Ortona	1
25	Ciambella	1
26	Argentina	1

53 In due cause il cognome risulta chiaramente errato.
54 C.s.

27	D'Artemisio	1
28	Di Tonno	1
29	Angelucci	1
30	Di Camillo, di Chieti	1
31	Anzideo	1
32	D'Angelo	1
33	Monaco	1
34	Troiano	1
35	De Gaetani, di Popoli	1
36	Caporni, di Chieti	1
37	Rosa	1
38	Di Primio	1
39	Di Clerico	1
40	Di Fabio	1
41	Ubaldi, di Vasto	1
42	De Angelis	1
43	Staniscio, di Villa Scorciosa	1
44	Ferramosca, di Lanciano	1
45	Di Toto	1
46	Marchetti, di Chieti	1
47	Primici, di Offida (ma	1

	residente a Miglianico)	
48	Gasparo, di S. Silvestro	1
49	Grossi/Mattioli	1
50	Di Memmo, di Ripa Teatina	1
51	Pronio	1
52	Crognale, di Castenuovo (Castelfrentano)	1
53	Russi, di Pescara	1
54	Pacitti, di Chieti	1
55	Pascucci, di Guardiagrele	1
56	Sterlicco	1
57	Delle Carceri	1
58	Zambra, di Chieti	1
59	Bombini	1
60	Di Luzio, di Ripa Teatina	1

Le famiglie di cui sopra sono di certo benestanti. A parte i baroni Nolli di Chieti e i Valignani (tra i quali abbiamo incluso anche il duca di Vacri, che apparteneva a un ramo collaterale), si segnalano i Di

Giorgio e i Masciulli, che contano nelle loro fila due arcipreti, un mercante e un medico[55], oltre ad Odoardo Masciulli, giudice miglianichese al tempo di Giuseppe Bonaparte[56]; i Mariani, originari di Crecchio, qui rappresentati da un notaio che fu luogotenente della corte baronale e che poi si schierò con i francesi, salvo ritornare all'ovile borbonico dopo il fallimento della rivoluzione del 1799[57]; i Coccia, che gli studi del Porreca, pur se relativi ad un periodo posteriore di almeno cinquant'anni, collocano nell' "entourage" della famiglia Ciavolich[58]; i Maranca, fra cui spiccano

---

55 Per i Di Giorgio citati, cfr. ASC, RU, LXXX, 2452 (1753-'55); CXCV, 5908 (1780-'81); CXCV, 5914 (1785-'86); CCLXV, 7639 (1791-'92). Per i Masciulli, vedi invece ivi, CCLXVI, 7679 (1792).

56 Cfr. T. TIBERIO, *Storia di Tollo, Miglianico, Chieti e l'Abruzzo costiero*, Guardiagrele, s.e., 1996, p. 173 (ma vedi anche una controversia agraria in ASC, RU, CCLXXVI, 8085). Il testo in questione va utilizzato con cautela estrema, perché appare assolutamente privo di scientificità, nonché impreciso e scritto con una sostanziale incuria grammaticale e stilistica. Nel corso del presente lavoro ne sono state utilizzate esclusivamente le fonti, invero raccolte con una certa accuratezza.

57 Cfr. DE CECCO-CIARMA, "Fonti notarili" cit. p. 162, qui citato in ASC, RU, CCXXIX, 6694.

58 Cfr. A. PORRECA, *Vicende del demanio (1806-1866) nei comuni di Vacri, Miglianico, Canosa, Casacanditella*, tesi di laurea discussa

---

Bernardo amministratore dei benefici delle terre di Miglianico e Montupoli per conto del barone Gioacchino Valignani[59], Vincenzo, «ex governatore di Miglianico»[60], e suo padre Antonio, che fu «procuratore della cappella laicale di S. Pantaleone, e cancelliere

---

presso l'Università degli Studi "G. D'Annunzio" di Chieti, a.a. 1971/1972, pp. 243 ss.gg., qui in ACS, R.U., CCLXXVI, 8097; CCXLVIII, 7145; e LXIII, 1912 (tutti procedimenti del tardo Settecento).

59 Come tale in ASC, RU, XCVI bis, 3026 (1757-'59).

60 Il titolo gli è rivendicato come tale in ASC, RU, CCVIII, 6186 (1782-93). Il Maranca, anni dopo, fu tra quanti godettero del perdono regio per aver appoggiato la causa francese (e cfr. L. COPPA-ZUCCARI, *Notamenti dei rei di stato della provincia di Chieti e Teramo (1801)*, cur. D.M. SAVINI, Teramo, CETI, 1962, pp. 22, 58, 70, 81, 89, 108. Gli altri indultati erano, nell'ordine, Carmineantonio di Francesco Sarra, Giovanni Pronio, Giustino Iacobucci, il già menzionato Michele Mariani, e Odoardo Masciulli. Costoro erano stati tutti condannati per aver denunciato o chiesto castighi per supposti realisti). Il Maranca, fra l'altro, era stato autore assieme a Giuseppe Pronio di due allarmati esposti che preannunziavano al dipartimento di Chieti il ritorno a Miglianico delle forze borboniche. Gli esposti sono databili a prima della partenza dei francesi, che avvenne nell'aprile del 1799 (cfr. TIBERIO, *Storia di Tollo*, p. 162. Il 23 giugno dello stesso anno, il massista Luigi de Riseis vi si recava per

---

dell'Università»[61]; gli Argentina, ben rappresentati da un amministratore dell'erario della contessa Petronilla Valignani[62]; i De Luca, anch'essi forse appartenenti al gruppo sociale legato al clero[63]; e infine i Della Selva e i Caramanico: per i primi, citeremo Tommaso, camerlengo dell'Università di Miglianico nel biennio 1782 - 1783[64]; i secondi possono invece fregiarsi di Filippo, che tenne la stessa carica nel 1757[65].

3. La vita, nella Miglianico del Settecento, era scandita dalle seminagioni e dai raccolti, e in particolare dal grano, vero e proprio bene primario attorno al quale si muoveva tutta l'economia agraria del periodo[66]. Il bestiame, da soma e da lavoro, era anch'esso

requisire cavalli e arruolare uomini destinati all'assalto della fortezza di Pescara, e su ciò vedi L. COPPA-ZUCCARI, *L'invasione francese negli Abruzzi (1798-1815)*, s.n.c., Roma, TCN, 1939, vol. I, p. 974).

61 Questi titoli sono citati in ASC, RU, CLIII, 4858 (1772); e CXLVI, 4651 (1771).

62 Cfr. ASC, RU, CIX, 3155 (1759-'60).

63 Basiamo l'ipotesi sul fatto che un De Luca studiava come seminarista ("chierico") a Chieti fra il 1793 e il 1805 (e cfr. ASC, RU, CCXCII, 6552).

64 Cfr. ASC, RU, CCVIII, 6187.

65 Vedi ivi, XCII bis, 2851.

direttamente legato alle attività fondiarie, e tuttavia era anche oggetto di commercio: in una sentenza del 1796 si parla di 94 maiali posseduti da un singolo fattore e immessi al pascolo nei seminativi di Montupoli dopo la mietitura[67]. Il numero è invero troppo elevato per considerarli puri e semplici animali da cortile! E in effetti, almeno secondo il Giustiniani[68], nella Miglianico degli agricoltori settecenteschi

le produzioni consistono in grano, granone, legumi, vino, olio, ghiande, e frutta in gran copia, che vendono in altri luoghi della provincia, e fuori. Vi coltivano pure gli ortaggi. Gli abitanti ascendono a circa 1700. [...] L'industria de' suoi naturali è l'agricoltura e la pastorizia.

Sin dal periodo prerivoluzionario, in ogni caso, si può notare come i rapporti fra la borghesia miglianichese e i nobili baroni Valignani, che dominavano il contado, si fecero più tesi. Questa

66 Si vedano, ad esempio, le osservazioni contenute nel *Dialogue sur le commerce des bleds* del chietino abate Ferdinando Galliani, per una conferma anche superficiale.

67 Cfr. ASC, RU, CCL, 7214.

68 Cfr. L. GIUSTINIANI, *Dizionario ragionato del Regno di Napoli* [1797-1801], rist. anast., Bologna, Forni, 1970, t. XIII, p. 15.

tensione finì con lo scoppiare dopo l'invasione francese, anche se l'appoggio o l'opposizione al regime napoleonico furono quasi esclusivamente connessi a motivi di opportunismo, tanto che, fra quelli che oggi si chiamerebbero "collaborazionisti", venne a trovarsi perfino il barone Gabriele Valignani[69]! Alcuni eventi particolari, dal sapore quasi aneddotico, vengono a marcare ogni tanto la vita del paese. Possiamo menzionare la "pazzia furiosa" del conte Giambattista Valignani nel 1775, un episodio che, nel racconto del suo amministratore, sembra quasi essere uscito dalla penna di un di un Cervantes[70]; il contratto stipulato dall'Università con il famoso campanaro Giuseppe Nicelli, per «rifondere una campana rotta»[71]; oppure il "coup de theatre" di Vincenzo Maranca, che nel 1794

69 Cfr. A. PORRECA, *Vicende del demanio* cit., p. 67.

70 Cfr. ASC, RU, CLXX, 5374, ma cfr. la sezione documentaria.

71 Cfr. A. DE NINO, "Varietà", in *Rivista Abruzzese di Scienze, Lettere ed Arti*, 1 (1894), p. 47. Sul Nicelli, noto artigiano di Spoltore che nel 1779 fuse la campana della chiesa di S. Giacomo in Ascoli Piceno, cfr. V. FURLANI, "Brevi stralci documentari interessanti la storia dell'arte fusoria tra Abruzzo e Marche dal XVIII sec. ai primi del '900", in *Abruzzo*, XXXVI-XXXVIII (genn. 1998 - dic. 2000), vol. I (*Per la storia dell'arte dell'Abruzzo e del Molise*), pp. 565-588, in part. p. 574.

interrompe clamorosamente una riunione del Parlamento dell'Università, riunione da lui ritenuta illegittima[72]; o ancora la denunzia dell'altro Maranca, Antonio, che, da buon procuratore della cappella di S. Pantaleone e ottimo "detective", scopre i furti delle elemosine perpetrati dall'arciprete nel 1771, arrivando a coglierlo con le mani nel sacco[73]! L'assoluta leggibilità dei documenti d'archivio emerge qui in tutta evidenza, e fa capire che talvolta il campo semantico in cui si inscrive il concetto stesso di testo letterario collima con la documentazione d'archivio, anche per epoche nelle quali la tradizione poetica è narrativa è già del tutto consolidata.

4. A tal proposito, come si è già accennato in precedenza, assolutamente godibili anche da un punto di vista squisitamente letterario sono alcuni documenti che riguardano la follia che colpì il conte Giambattista Valignani nel 1776. Tali scritti (lettere e resoconti di vari personaggi riguardanti la vita e la pazzia del conte e le misure prese a contenimento dello stesso) vengono riportati quasi integralmente alla fine del presente

---

72 Vedi ivi, CCLXXVI, 8094.
73 Cfr. ivi, CXLVI, 4651.

saggio[74], e forniscono un quadro assolutamente fedele delle vicende affettive e relazionali che intercorrevano a Miglianico fra i membri delle classi sociali più elevate. Al di là del fatto in sé, che peraltro emerge alla stregua di un cammeo letterario nelle narrazioni delle persone coinvolte, anche da queste testimonianze si evidenzia la sorda lotta fra gli amministratori dell'Università di Miglianico (stavolta nella persona del Governatore di Miglianico Domenico Tosi, e di Gaspare Ciavolich, uomo di fiducia del duca di Vacri), e i Valignani. Ne è il segnacolo la prima lettera di Suor Diomira Valignani, al secolo D. Virginia, che prima ancora di occuparsi della salute del fratello, si interessa a che nessuno possa impadronirsi delle "robbe" del conte; sul banco degli imputati è proprio il Tosi, la cui testimonianza sulla pazzia viene vista con scetticismo dalla monaca (il conte sarebbe stato «dipinto dal [...] Tosi per furioso [...]», anche alla luce delle «mire di detto Governatore», che sarebbero «troppo note» e delle quali «a proprio tempo se ne farà dar conto»)[75]. Per lei, i beni del conte

---

74 Cfr. ASC, RU, CLXX, 5374 (1776), d'ora in poi citato come CLXX, 5374. Solo il documento n. 1 appartiene a ASC, RU, CXCV, 5900, d'ora in poi citato come CXCV, 5900.
75 Vedi ivi, la prima lettera di Suor Diomira.

sarebbero stati consegnati a «persone sospette, conlitiganti»: per accertare la veridicità delle affermazioni di Suor Diomira, si è cercato di scavare nella vita giuridica del conte, scoprendo finalmente che egli è parte in causa in quattro procedimenti, di cui due a carico. Riguardo questi ultimi, uno gli venne intentato nel 1754 dalla cappella del SS. Rosario per un debito di 38 ducati, con estinzione del debito stesso nel 1758[76], mentre l'altro consiste in una citazione per morosità - e conseguente sequestro dei beni nel 1781 - da parte della ex-moglie del conte Petronilla Castiglione[77]. Al contrario, le due azioni legali portate avanti dal conte riguardano 0.due azioni legali, di cui una, datata fra il 1771 e il 1775, contro Gaspare Ciavolich, «conduttore dei feudi del duca di Vacri in Miglianico, per avere la restituzione di alcuni mobili»[78], e la seconda, datata al 1775, contro Alessandro Di Giorgio, per ottenere 4 tomoli di grano a lui spettanti[79].

Come si vede, ben tre dei procedimenti citati poc'anzi sono compresi nello stesso arco di tempo in cui

---

76 Cfr. ASC, RU, XC, 2754.
77 È la già menzionata causa CXCV, 5900, di cui alla n. 26.
78 Cfr. ASC, RU, CLXIV, 5168 (d'ora in poi come CLXIV, 5168).
79 Vedi ASC, RU, CLXV, 5233.

si consumò la pazzia del conte. Tenendo presente siffatta coincidenza, diventa più semplice illuminare le convulse vicende occorse al patrimonio del povero conte dopo il suo internamento. I nomi che ricorrono negli atti giuridici citato sono sempre gli stessi, prima e dopo la malattia mentale, e sembrano far intuire una sorta di complotto ai danni del ramo della famiglia Valignani cui il conte apparteneva. Gaspare Ciavolich era in lite con il conte per non avergli restituito alcuni mobili[80], e putacaso il Governatore Tosi affida proprio a lui l'inventario e la custodia dei beni del conte[81]! Forse egli ha fatto in modo di restituire al Ciavolich i mobili contesi, cosa che sarebbe ampiamente comprensibile, considerando le attinenze del Ciavolich, e il fatto che molti mobili del conte medesimo erano rimasti presso la masseria di Collemarino anche dopo il suo

---

80 Che constavano in «tre tavoloni di noce, quattro dita tastuti, un scrigno improntatogli, un tavolino improntatogli e canne tre di legna» (cfr. CLXIV, 5168).
81 Cfr. CXCV, 5900 con una lettera dell'avvocato fiscale Michele Barbo per imporre al Ciavolich di consegnare il grano e l'olio da lui tenuti in custodia. In questa missiva si può addirittura leggere che il Ciavolich era divenuto consegnatario dei beni del conte!

internamento[82]. Un discorso analogo va poi fatto per il notaio Di Giorgio, che addirittura viene citato in un atto del collega Michele Mariani quale possibile curatore del sequestro dei beni del conte nel corso della causa intentatagli dalla Castiglione[83]! I documenti consultati non chiariscono in alcun modo quali siano gli intrighi del Tosi a cui la monaca si riferisce; forse non si è troppo lontani dal vero nel credere che, come normalmente accadeva allora, essi avessero qualcosa a che vedere con i terreni del conte. Costui, peraltro, emerge dalle testimonianze come un uomo ingenuo, sinceramente innamorato della moglie, un individuo probabilmente disarmato davanti alle mene di una

82 Forse al Tosi tali suppellettili saranno parse "res nullius", anche se egli non poteva non sapere dell'esistenza di Suor Diomira e del fratello napoletano D. Francesco.

83 Cfr. CXCV, 5900 cit. Il Mariani aveva rifiutato l'incarico con la scusa di altre incombenze, citando fra i possibili esecutori il Di Giorgio, nonché Bonifacio De Filippis, ex-luogotenente del conte. La nomina era toccata proprio al Di Giorgio, ma il conte stesso, in uno dei suoi rari momenti di lucidità, o più probabilmente guidato dalla sorella Virginia, si era opposto a tale nomina, riuscendo a far sostituire il Di Giorgio con Antonio Maranca (e cfr. ivi, lettera non autografa del conte al balivo Tommaso Oliva, s.d.).

borghesia cittadina famelica ed ambiziosa. Quanto alla consorte del Valignani, una vera e propria mantide che in pochi anni dilapidò il patrimonio dello sventurato Giambattista, svaligiandogli letteralmente la casa[84], va rilevato che i rapporti con il marito non furono mai buoni. Nonostante quest'ultimo la adorasse, la donna lo ricambiava con alterigia e boriosità, forse tradendolo con l'erario Salvatore D'Argento[85] - e si noti che costui era fra quanti avevano assaggiato il bastone del conte nel corso dei suoi attacchi di pazzia![86] - e poi addirittura fuggendo a Napoli con un altro dei suoi probabili amanti[87]. Il contraccolpo psicologico subito dal conte

---

84 La donna aveva sin da subito preso le redini dell'amministrazione patrimoniale, come si deduce da ASC, RU, XCIX, 3155, un'azione condotta per suo conto dall'erario Venanzio Argentina nel biennio 1759 -'60 per recuperare 6 tomoli di grano a due coloni.

85 Cfr. l'allusione fatta da Tommaso Di Primio nella sua testimonianza («[…] più volte lo portò di soppiatto nel fondaco […] in atto stava il marito in Chieti […]»), ripetuta con termini simili anche nelle altre deposizioni di cui al fascicolo processuale CXCV, 5900.

86 Cfr quanto è detto nel doc. n. 2.

87 Alla fine del procedimento di cui al fascicolo CXCV, 5900, la Castiglione riuscirà addirittura ad ottenere una sentenza che la invitava a ritirarsi a Miglianico e a prendere l'amministrazione

deve essere stata assai forte, e non è escluso che le sciagurate vicende del suo matrimonio, funestato da una allarmante "impotentia generandi"[88], abbiano contribuito grandemente allo svilupparsi della sua follia. Il disgraziato conte, nonostante le speranze riposte dalla sorella nelle cure alle quali «fisici e

dei beni del marito, «tanto più che costui è stato matto, e forse non sarà ben riavuto, come per l'ordinario accade, e così convivesse col di lei marito Conte D. Gio:Batta perché a tal modo non avrebbe la necessità di andar lacera, e mendica e viverebbe con il di lei marito, ed in altro caso saran costretti ad andar limosinando durante la loro vita tutti e due».

88 Vedi il doc. n. 1 (testimonianza di Tomaso Di Primio del 3 gennaio 1780), dove la moglie del Valignani è definita «totalmente inabile al matrimonio», e tenendo presente che in altre testimonianze si parla di «assoluta impotenza di essa» (e cfr. le deposizioni di Antonio ed Ermenegildo Maranca del 4 gennaio, contenute nel fascicolo di cui ci si sta occupando), o di una Castiglione che dovette operarsi per esser resa «capace all'uso del matrimonio» (vedi le deposizioni di Raffaele Ubaldi e Urbano Mariani, il 5 gennaio s.a., anch'esse nel fascicolo in oggetto). Può darsi che, come sovente accade in casi del genere, le parole dei vari testimoni tendessero ad attribuire a donna Petronilla un'inettitudine al coito e/o alla riproduzione che, in realtà, era propria del marito; tuttavia, considerando che la donna non ebbe figli dalle altre relazioni intrattenute prima e dopo l'abbandono del marito, è forse possibile dare fiducia alle

chirurgi» lo stavano sottoponendo, verrà infine rinchiuso in «due alcovetti» del suo palazzo[89], e non guarirà mai, cadendo addirittura in miseria: lo veniamo a sapere proprio leggendo gli atti della causa per alimenti promossagli contro dalla vorace ex-moglie, dove si dice che egli - almeno fino nel periodo fra il 1780 e il 1781 - «essendo ora più che mai ricaduto nella compassionevole infermità di mente, che di quando in quando lo trasporta al furore, non meno per decoro, che per sicurezza della vita ha bisogno di continuo di due persone salariate, che lo assistono [...]»[90].

APPENDICE DOCUMENTARIA

In quest'appendice documentaria si sono racchiusi i documenti più importanti che riguardano la vicenda del conte Valignani. Essi sono stati trascritti senza modificare nulla; tuttavia, sono stati inseriti

testimonianze citate.
89 Cfr. CLXX, 5374, tenendo conto che, nello spostare il conte dal convento dei cappuccini al suo palazzo, Suor Diomira avrà tenuto conto anche di motivazioni economiche, oltre che delle ovvie preoccupazioni mediche esposte nella sua seconda lettera.
90 Cfr. CXCV, 5900 cit. Per lo stato d'indigenza in cui versava il conte, cfr. il doc. 7.

puntini e/o osservazioni fra parentesi quadre nei casi in cui il contenuto delle parti omesse non pareva importante (intestazioni di documenti, notazioni illeggibili, etc.). La freschezza delle descrizioni e l'assoluta puntigliosità delle varie testimonianze costituiscono già, esse stesse, un valore aggiunto rispetto alle non grandi testimonianze narrative di cui si pregia la cultura abruzzese del Settecento.

DOC. 1: GIOBATTA VALIGNANI, UOMO "DI BONA INDOLE"...

[...] Sanno[91], che in tempo del Conte D. Saverio suddetto vivevano decorosamente, e secondo la loro nobile condizione; n'essere questa una delle principali famiglie di questa provincia; e benché divisa in più rami, poteva avere più di docati settecento annui, oltre il Palazzo, che qui tiene di abitazione, ed era allora ben fornito di mobili, di biancherie, e di argenti, conforme

---

91 Testimonianza di Tomaso Di Primio del 3 gennaio 1780, in CXCV, 5900 cit. Le parole del Di Primio sono sostanzialmente analoghe a quelle di altri quattro testimoni, i fratelli Vincenzo e Pietro Maranca, Raffaele Ubaldo e Urbano Mariani (datate 4 gennaio 1780), che per tale motivo si è preferito non riportare.

essi eziandio l'hanno veduto, e di continuo vi praticavano. Che poi, vivente il Padre cioè circa venticinque anni addietro, essendosi il detto Conte Giambattista sposato con dispiacere dei genitori, con D. Petronilla Castiglioni, dopo essere stati circa quattro anni uniti, dovea sciogliersi il matrimonio, a cui la medesima era totalmente inabile, ma nondimeno per l'amore, che egli il Conte le portava, si contentò eziandio per le di lei insinuazioni, e preghiere di condurla in Ascoli della Marca, dove la sottopose ad una grande pericolosa operazione, da buoni Professori; e trattenutosi più di tre mesi con moltissimo dispendio, mediante l'operazione medesima, si dichiarò valido il matrimonio, e seguitarono a convivere insieme per più anni: che per questo cominciò egli il Conte a contrarre più debiti, specialmente col Barone De Virgiliis di Castelnovo, come la stessa Petronilla era donna boriosa, ed altiera in modo, che volendo disporre a suo capriccio, giungeva a maltrattare di parole, e di fatti il medesimo suo marito per la di lui bona indole, e debolezza[92]; badava a fonti del peculio, anche con grave

---

92 Nelle deposizioni dei fratelli Maranca del 4 gennaio si parla di "pusillanimità", mentre l'Ubaldo e il Mariani preferiscono accontentarsi di «buon costume, e debolezza».

di lui discapito, giungendo fino a rivendergli quelle stesse cose, che gli venivano regalate, e pure della carne, che si prendea per la cucina; e perciò sia, come quando venne qui a marito, non avea denaro; si pose successivamente, ed in particolare in tempo della carestia a far negozio di grano, ed altri generi, restò creditrice di un certo Gasparo Ciavolich dell'Isola in docati cinquecento circa, e per esserne soddisfatta mandò il deponente Tomaso Di Primio a vendere in Sinigaglia alcune pezze di panno, ed altro del medesimo: né mai il detto Conte suo marito ebbe parte, o vantaggio di tal negozio; anzi verso il detto anno della carestia, trovandosi egli in Napoli per la lite, che avea col suocero per la dote, e per cui spese grosse somme; non solo non lo soccorreva, benché bisognoso; ma è cosa pubblica, e notoria, che si mandò a vendere in Lanciano quantità di rame, e finanche i galloni de' vestiti del medesimo, oltrediche tenendo la chiave falsa del fondaco si prendeva di nascosto l'oglio, ed altri generi, e li vendeva a minor prezzo, conferendone specialmente costa al deponente Salvador D'Argento, che più volte di soppiatto lo portò seco nel fondaco medesimo in atto stava il marito in Chieti. E non ostante, ch'egli seguitava a ben trattarla, disponeva a suo modo, e dava eziandio le robbe a chi le piaceva; circa dieci anni addietro, volle andarsene da lui, se ne fuggì di nascosto, e rifuggiatasi in Chieti in casa della Sorella con alcuni Bauli pieni di biancheria, di argenti, e di miglior robbe, che vi stavano in palazzo, di là si ritirò in Napoli accompagnata da un certo Antonio Battinelli di Pescara, e rimase in tutto il palazzo spogliato di mobili, talché quanto vi è di presente vi è stato portato dalla Calabria dal fratello D. Francesco Valignani. Per queste cose adunque, e per colpa principalmente di essa D. Petronilla, ci fu la vendita, che in seguito si fece de' fiscali [...]

DOC. 2: SCOPPIA LA FOLLIA.

Si passi imbasciata a fratelli[93], e parenti più stretti dell'infelice D. Gio:batta Valignani perché trà quattro giorni prendino cura del medesimo, che lo disarmino e lo facciano restringere in una camera perché non possa recare danno all'umanità con le sue stranezze, e possa con detto mezzo ritornare in se stesso, e tutto a spese

93 Relazione del Governatore di Miglianico Domenico Tosi, glossata "in capite" dall'avvocato fiscale (cfr. CLXX, 5374).

del medesimo a qual fine subito adempiano a quest'atto che gli conviene, altrimenti il Tribunale, prese le dilucidazioni, darà al medesimo il curatore acciò abbia cura del medesimo e di tutti quei uomini [*seguono parole illeggibili*] per necessità domani sera.

6 agosto 1776

Adempiuto con lettera scritta
a D. Giovacchino Valignani [*s. parole illegg.*]

Il Conte D. Giambattista Valignani di codesta Città residente in questa università di Miglianico da circa un mese a questa banda si manifestò di mente catta, e perché egli la coloriva col pretesto di sfogo di varie passioni d'animo io entrai a compatirlo, vieppiù che lo sfogo della pazzia si raggirava solo al proferimento di un continuo profluvio di parole oscene e sporche, spari di archibugiate, pistolate, pistonate e a scherzi che faceva a persone di lui affezionate in facile reagiva in mille guise di maschere, ed andava per le sue campagne armato di spada e scoppetta, e carico di un voluminoso e grandissimo libro involto in un panno, una valigia da viaggio, e catana da cacciatore. Continuai la sofferenza alloraché fe' passaggio a bastonate tra li scherzi la gente, poiché niuno venne mai a riclamare e perché un tal procedere si era continuato ma nel colmo del caldo del giorno; vieppiù che si smagava doppo il trasporto che lo facea sfogo delle sue passioni, e che in caso dimesso si sentiva morire di crepacuori. Finalmente si vide il Conte partirsi da questa università a cavallo, e si sentì di villeggiatura ad Ortona; ma poi si seppe che si era fermato in una di lui rustica massaria in contrada di Collemarino, e poco lungi da questa università, la quale è composta da due sole stanze, una superiore a tavolato, e inferiore l'altra [*s. parole illegg.*]; laddove a poco a poco fece trasportare la maggior parte dei mobili del Palazzo, che tiene in questo luogo, e fin un confessionile, che situò sotto di un albero di noce, ed ivi faceva confessare la gente, che a lui pareva, da un villano, che lo dichiarava confessore. Si sentiva un continuo e lungo sparo di archibugiate giornalmente all'alba, nell'ora di mezzogiorno, e nell'avemaria, e si vedeva una grandissima illuminazione di candele di cera, e sego, che faceva allumare d'intorno li quadri de' santi, che vi avea situati. Dichiarò la sua abitazione casino di Villa Colamarino, stabilì la sua corte di un

Erario, di un famiglio, di un Governatore e di un Luogotenente, e si faceva chiamare il gran maresciallo de' Conti, e quegli uffici a momenti toglieva, e passava ad altri con spedizioni di patente; siccome tuttavia seguita anche in oggi. Si dà il pensiero di far principiare ivi una fabrica di una chiesa, che intitolava alla Madonna delle Grazie, e cavare una fossa che diceva egli dover servire per correre da sorgi, e v'impiegò giornalmente molti operaj, che pagava la sera, senzacche fatigassero un'ora la giorno; perché il resto si ne andava in mille giuochi pazzeschi, e quasi si continuarebbe la Fabrica se il danaro non fosse finito. Fe' dissipare una quantità di vino, e comporre regali di varie sorti, e di quei si cibava, e ciba a tutto pasto, oltre di moscati e generosi vini di variate sorti, e pranzi. Poco mangia, nulla dorme, e si vede tutto dì girare armato di scoppetta, pistola, pistone, due spade, un bastone con uno stocco dentro, ed una accettarella con asta lunga per la campagna, anche nelle ore calde, e vestito della sola camigia, calzoni e pianelle, e null'altro. Fino a jeri l'altro detto Conte si conteneva sulle narrate pazzie, perché venne con arte e belle maniere rattenuto da un tal Bonifacio de Filippis suo Luogotenenente: ma stufo questi delle di lui procedure cercò allontanarsene, per non incontrare la disgrazia del [*s. parola illegg.*] Berardino de Angelis di Arielli Governatore del Conte della parte del Feudo di Montupoli, che fu ben due volte agremente malmenato e bastonato, e gli avvenne fatto; e quindi si vide subito il Conte armare due persone, che non si sa di dove sono, con scoppetta, pistole, stili, ed altro, e dava quei ordini che son propri de' matti; per cui veggendo la Cittadinanza premere per timore di qualche cimento successo, stimai, con mia lettera, pregare detto Conte a dismettere detti famigli, e toglier loro le armi, se poi non facevansi registrare le patenti per l'opera degli ultimi reali ordini anche per non essere responsabile a' superiori in caso di tristi eventi, e lo stesso mi à risposto l'annessa[94] da cui si degnerà Vossignoria Illustrissima [*s. parole illegg.*] rilevare la pazzia dello stesso. Per deficienza di forza non potendo frenare la di lui pazzia, credei renderlo persuaso con detta mia lettera di preghiera: tuttocche identificai che la pazzia si era resa furiosa; imperocche si sentiva che correa dietro a donne, che passavano per detta masseria, col pretesto che le voleva confessare, che bastonava chi gli si pontava di avanti, tra le quali mi si disse Salvadore Di Argento, Urbano, Tomasso e

94 È la lettera di cui al doc. n. 3.

Pantaleone Fabbrini, che fecero eziandio star carcerato in una stalla, v.v., Domenico Antonio Narata, Tommaso Nardone, Alessio Di Anessa, Concezzio Ricci, Giulio Di Luca, Ermenegildo Maranca, Domenico Batti, Elia Anzidei, Giuseppe e Giustino [s. *parole illegg.*] e figlio Marchetti: che ferisse Urbano Capitoli con una stoccata di spada in una coscia, ma niuno venne a riclamare da me. Ieri sera poi sulle circa ore ventidue si portò in questa corte un tal Evangelista di Prospero Fornaro di questa università, e mi espose, che avendo prestato a detto Conte il suo cavallo per [s. *parola illegg.*], gli era stato detto, ch'era stato cavalcato da due persone, e tutto rovinato di bastonate: che per tal motivo si era spostato in detta massaria sulle circa ore ventuno per accertarsene, e che nell'atto lo stava osservando, perché lo avea trovato legato in un albero detto cavallo, che uscì detto Conte da detta massaria armato di schioppo, pistola, spada, pistone, e di un'accettarella di ferro con asta lunga, lo afferrasse in petto, e dicendole che con lui non volea adoperarvi armi lo principiò a battere con un frustino, che tenea in mano eziandio, e doppo vari colpi che gli diede ne menò uno con detto accettarello, ma che non ne restò offeso, perché gli riuscì di evitare il colpo, e togliere detto accettarello, che à a me esibito, e tengo a disposizione di Vostra Eccellenza, e Codesto Regio Tribunale. Lo feci riconoscere, e gli si trovarono quattro lividure nella gamba destra, una nella sinistra, altra nella panza, ed un rascagno con apparizione di sangue nella guancia sinistra, esponendone questa cosa detto Conte, anche perché doppoche le riusci fuggirle dalle mani lo avea fatto inseguire da detti due famigli armati.

Detto conte è uno dei combaroni di questa università e gode la giurisdizione di una porzione di detto Feudo di Montupoli dominio di questa università, sotto qual pretesto ordina carcerazioni, e si eseguiscono da suoi dipendenti, che lo seguivano nella sua pazzia[95]: né io ò possuto impedire per mancanza di forza, perché stò infine del mio governo, che termina col corrente mese, tempo in cui li Governanti incontrano la disgrazia di fare una figura infelice. Umilio perciò, e per debito del mio dovere il tutto a Vostra Eccellenza, e codesto Regio Tribunale, perché si degna dare quei

---

95 Cfr. CXCV, 5900, dove si legge una lettera del conte a Salvatore D'Argento, datata 6 febbraio 1775, nella quale è ordinato che il D'Argento abbia «tutte le facoltà di esiggere entrate, di eseguire e fare eseguire, incusare obbliganze, produrre scritture e poi carcerare, e scarcerare, sequestrare, e dissequestrare, e tutto altro, che richiede l'ufficio di erario».

passi, che stimerà convenevoli per porre in salvo la vita di detto Conte, e le di lui robbe, che vanno in rovina, tuttocche sieno donate a d. Francesco Valignani di lui fratello residente in Napoli; ed è il fine con cui ricolmo di ossequio, venerazione, e stima profondamente m'inchino, e bagio le gentilissime mani.

Miglianico 5 agosto 1776[96]

Illustrissimo Preside, e
Umilmente Divotamente servo ossequente
Regia Udienza di Chieti
Domenico Tosi

---

96 Oltre ai documenti riportati o già citati nella presente appendice, quasi tutti indirizzati all'avvocato fiscale della Gran Corte della Vicaria, nell'incartamento CLXX, 5374 si reperiscono: una lettera del capo di D. Gioacchino Valignani, con la quale si nega la parentela con il Conte, demandando la responsabilità ai suoi congiunti, un breve del priore della Cappella del SS. Rosario Serafino Purificati, riguardante un debito di una salma di grano ancora non saldato dal Conte, e varie annotazioni dell'avvocato fiscale che dispongono i vari adempimenti in oggetto, e in particolare l'acquisizione dell'elenco dei beni del conte.

DOC. 3: IL CONTE SI DIFENDE!

Miglianico, al dì 5 agosto 1776

[...] Io a più non posso ammirava la sua insulsa, arciodiosissima lettera. Nessuno, Cazzo, Cazzone, Cazzissimo, nessuno dico trovò irregolarità. È scandaloso, ed arciscandalosissimo, spiritualiter, carnaliter! Nessuno, torno a dire, può a me mettere o dar legge, non temendo altro che il solo sommo Iddio mio padre, il re assoluto, duro sovrano Ferdinando IV [...]. Venerdì prossimo rimetterò [...] relazione contro di voi, [...] che con somma baldanza avete osato di scrivermi nella guisa da voi, messer cotale, praticata[97] [...].

DOC. 4: LA CATTURA DEL CONTE VALIGNANI.

---

97 La lettera del conte, citata dal Tosi nella sua relazione, e che qui riproduciamo perché anch'essa allegata al fascicolo CLXX, 5374, è assai malridotta e con molte parti d'impossibile decifrazione (da cui le lacune segnalate sopra).

Precedente appuntamento di questo Regio Tribunale[98] si servì Vossignoria Illustrissima ieri incaricarmi di dovermi conferire nella terra di Miglianico, ed ivi assicurarmi dle frenetico Illustre Conte D. Gio:Batta Valignani, e condurlo colla dovuta circospezione nel Convento de' PP. Cappuccini di questa città.

In pronta esecuzione de riveriti comandi di Vossignoria Illustrissima non mancai ieri istesso conferirmi in detta terra di Miglianico in una massaria del detto Illustre Conte, dove da più tempo seppi, che il medesimo faceva dimora, ed ivi in effetti lo trovai, e sebbene avessi cercato con buone maniere assicurarmi della di lui persona senza strepito, con secondare con parole le sue frenesie, pure lo stesso eccedendo grandemente nelle stesse diede di mano alle armi che teneva in detta massaria, cercò usar violenze, e scappò colla semplice camiscia su di un cavallo, che colà avevo fatto condurre, verso detta terra di Miglianico, dove lo raggiunsi, e con stenti, usando raggiri, ed anco la forza, perché si fece sopra la mia persona, mi riusci farlo vestire, e porre sul cavallo, ed al meglio che potei, ieri

---

98 Lettera di Sebastiano Ferraiolo all'avvocato fiscale, per notificare l'avvenuta cattura del conte.

sera istessa, trasportarlo nel suddetto convento de PP. Cappuccini di questa città, dove attualmente ritrovasi coll'assistenza de' soldati.

Nell'atto dunque che mi do' l'onore rappresentare il fatto a Vossignoria Illustrissima per mio discarico, debbo passare nella sua intelligenza, che prevedendo l'occultazione che potrebbe seguire della robba di detto Illustre Conte sistente in detta massaria, non mancai replicate volte incaricare a quel Governatore alla presenza di diverse persone e in nome di Vossignoria Illustrissima e di questo pregiato Tribunale, di farne colle debite cautele inventario, e consegna; e resto facendole umilissima riverenza.

Chieti, 10 agosto 1776

Di Vossignoria Illustrissima
Vostro devotissimo ossequentissimo [s. *parole illegg.*]
D. Domenico Gerig
Sebastiano Ferraiolo
Presidente per S.M. in questa città

DOC. 5: PRIMA LE "ROBBE"!

Suo Diomira Teresa Valignani[99] professa corista nel venerabile Monastero di S. Chiara di questa città di Chieti supplicando espone a Vossignoria Illustrissima, come dopo le disposizioni date da questa sua Regia Udienza per il trasporto di suo fratello Germano il Conte Valignani nel convento de' PP. Cappuccini stante la essersi dipinto dal passato Governatore di Miglianico Domenico Tosi per furioso, è giunto all'orecchio della supplicante d'essersi questo avanzato ad annotare le robbe di detto di lui fratello, e queste consegnare a persone sospette, conlitiganti, e che punto non convergono con la famiglia di detto suo fratello, e quel che più à raccapricciato l'animo della supplicante si è, che detto Tosi per dar piacere a molti rivali si è avanzato ad espellere dalla casa di suo fratello due donne fidatissime, e che da più anni erano state troppo puntuali al servizio: quali siano state, e siano le mire di detto Governatore Tosi troppo note sono alla supplicante, ed a proprio tempo se ne farà dar conto;

---

99 Lettera s.d. (ma probabilmente coeva alle altre) di Suor Diomira Teresa Valignani, perché l'avvocato fiscale faccia un inventario dei beni del conte a tutela degli stessi.

quello oggi preme alla supplicante si è Vossignoria Illustrissima disponga per mezzo di probo [*s. parola illegg.*], e persona che destinava la supplicante si passi a riscontrare l'annotamento fatto da detto Tosi, e le robbe restino in casa proprio onde si trovino, e queste siano guardate dalle donne di servizio, nella puntualità delle quali la supplicante rifida, e tutte le chiavi vengano passate in mano della supplicante sino a che altrimenti da Napoli disponga l'altro di lui Germano D. Francesco Valignani, ed ordinare altresì a' residenti, e coloni sotto pena di reiterato pagamento nulla pagare a chi che sia, alias ut Deus.

F.to Sr. Diomira Teresa Valignani supplico come sopra.

DOC. 6: IL CONTE È PRESO "IN CURA" DALLA SORELLA MONACA...

Suor Diomira Teresa Valignani[100], professa corista nel Monastero di S. Chiara di questa città di Chieti supplicando rappresenta a Vossignoria Illustrissima come d'ordine di questa sua Regia Udienza essendo stato situato nel convento dei RR.PP. Cappuccini il Conte D. Gio.Batta Valignani perché voluto travolto di cervello, non avendo questi altra persona più prossima che la supplicante, quantunque serrata dentro del chiostro, non mancò prendere, e far prendere per mezzo di amici tutta la possibile cura pel suo governo di detto di lui fratello soggettandosi la supplicante a gravi, ed intollerabili spese. È da Fisici e Chirurgi, che la assistono a riscontro, che detto di lei fratello non sia effettivamente furioso, e solo che alle volte sbalastri, e non bene connetti nel discorso, sicché col mezzo de' continui salassi, e bagni, dei quali si sono fatti, e si faranno uso, astemano probabilissima, e quasi sicura la guarigione. Per potersi questa ottenere né sarà facile l'intento nel luogo onde si trova perché [s. parola illegg.] dispiacere di detto suo fratello, il quale nei chiari

---

100 Lettera di Suor Diomira, anch'essa s.d. (ma cfr. la n. 7), con la quale si forniscono notizie sulle cure prestate al conte, e si chiede che esse possano essere continuate nel palazzo dello stesso a Chieti.

intervalli la riputa carcere, e trapoichè il sito dove giace essendo pubblico, del continuo viene assalito da ogni sorte di gente, e così chi d'una maniera chi di un'altra, non vien lasciato in quella quietezza, che in questi rincontri tanto giova, ed è necessaria.

Quindi ha pensato la supplicante ad espediente più proprio, qual si è, che detto suo fratello avendo casa proprio dentro questa città sia in questa situato, acciò resti più quieto d'animo, e lontano da rincontri di visita, acciò possa proseguirsi indi con più agiatezza la cura.

Che però ricorre da Vossignoria Illustrissima, e la supplica di esporre, e di ordinare, che le venga permesso di far passare detto suo fratello in propria casa, d'accio possa proseguire la supplicante a fare le spese troppo necessarie ed occorrenti, ordinare a tutti li [*s. parole illegg.*] di pagare in potere della supplicante quel tanto rispettivamente non dovendo, e ciò sotto [*s. parole illegg.*] stimerà ut Deus placet.

F.to Sr. Diomira Teresa Valignani supplico come sopra.

DOC. 7: IL CONTE VIENE MESSO IN GABBIA.

Certifico io sotto ordinario Masotti[101] da questa Regia Udienza di Chieti, come, in esecuzione d'ordine della medesima, essendomi personalmente conferito nel Palazzo dell'Illustre Conte D. Gio:Batta Valignani di questa città, che è propriamente sito, e posto nel rione detto Fierasuori (?), ivi ho trovato, che vi sono due Alcovetti, cioè in quello di prima entrata vi sta' una finestra, che sta' attualmente chiusa, e si può anche chiodare, e corrisponde alla Ruva contigua alle Scuole Pie, come anche una Porta, la quale corrisponde alla cucina, e stà parimenti chiusa, e si può chiodare; nell'altro Alcovetto vi stà una sola finestra pure corrispondente alla suddetta Ruva delle Scuole Pie, e si può inchiodare, di altezza, si l'una, come l'altra alla parte di fuori, di circa palmi trentotto. Nella prima entrata poi vi è una saletta con due finestre corrispondenti al di dentro del cortile di detto Palazzo, di altezza dal piano del medesimo circa palmi trentotto, come pure vi è una porta di loggetta scoverta corrispondente tanto al cortile, quanto alla Ruva delle

---

101 Lettera di un certo Masotti della Regia Udienza, con la quale si prospettano le possibili misure di contenzione del conte nel suo palazzo. La lettera è senza data, anche se si può ipotizzare che sia di poco successiva alle precedenti.

Scuole Pie, la quale porta si può anche chiudere. Circa li gradini per ascendersi a detta stanza, sono di numero in tutto quarantatrè, ed in fede a Chieti 30 agosto 1776.

DOC. 8: IL CONTE SUL LASTRICO, OSSIA UN NOBILE DECADUTO...

L'erario dell'Illustre Conte di Miglianico D. Giambattista Valignani[102], quale è notorio di essere nello stato il più meschino di una furiosa demenza, e perciò incapace a difendere se stesso, supplicando espone a Vossignoria Illustrissima come dall'Udienza Regia di Chieti si sono spedite tre esecutoriali ad istanza della contessa di lui moglie D. Petronilla Castiglione, fatte eseguire da questa Regia Udienza a mezzo di un suo subietto, il quale ha sequestrato tutto quanto avea, e specialmente non ha lasciato né grano, né oglio, né vino, né altro genere che debba servire per il sostentamento della vita del suddetto Conte, e della

---

102 Lettera dell'erario del conte indirizzata all'avvocato fiscale per rivendicare al conte medesimo i beni per il suo sostentamento e cfr. CXCV, 5900. È senza data, ma pare doversi attribuire all'anno 1781.

poca gente di suo servizio troppo necessaria nelle di lui meschine circostanze, riducendosi un cavaliere, e noto Personaggio distinto nel periglio o di morir dalla fame, o andar limosinando. Signore Illustrissimo, questa è una tirannia vera! La creditrice è moglie del suddetto Conte, e contro della medesima si compete per diritto il beneficio delle competenze, val dire che può il suddetto Conte esser tenuto ultra vivos suos: eppure si è tutto spoglio di tutto, e cadendo nello stato il più pezzente del mondo. Ricorre pertanto il supplicante a Vossignoria Illustrissima, e la supplica di ordinare che detti generi sequestrati si lasci al suddetto Conte per il proprio mantenimento, e della sua famiglia, potendo, e dovendo questa Regia Udienza accettare le suppliche del supplicante, perché il suddetto Conte, come si è detto, è nello stato di non poter usare di suo raziocinio per il malore suo ut Deus placet.

1. A voler considerare la figura di Ferdinando Galiani nei suoi rapporti con la letteratura propriamente detta (cioè quella che attiene al campo dell'invenzione, poetica, teatrale o narrativa essa sia), non si può non rimanere almeno un poco sconcertati. Su tale problematica, infatti, non esiste uno studio complessivo, se si eccettua quello del Catucci[103], che però non si occupa della produzione poetica. Ma soprattutto il dato letterario è fatto sgorgare dalla lettura delle opere economico-filosofiche, in un groviglio d'interpretazioni non sempre chiaro. D'altro canto, un discorso letterario non potrebbe prescindere dal fatto che numerose opere del nostro sono state composte in lingua francese, e non in italiano. Ma tant'è. Non è quindi compito di chi scrive dire qualche parola esaustiva su una questione del genere, e tuttavia sembra giusto dedicare qualche riga ad essa, almeno dal punto di vista generale.

---

103 Cfr. M. CATUCCI, *Galianea. Ferdinando Galiani tra letteratura ed economia*, Roma, Bulzoni, 1986.

2. Anche il Galiani fu accademico, e sin da giovane compose liriche alla maniera degli arcadi, in una produzione poetica che non si discosta dal gusto corrente se non per una certa brillantezza di spirito[104]. Il gusto per l'ironia fu peraltro una costante della letterarietà del Galiani che, nella sua predilezione per la precisione terminologica, «aveva questa capacità di individuare, e smascherare, quelle parole vaghe, generiche, che servono a celare petizioni di principio, affermazioni arbitrarie, e vengono usate come chiavi false per aprire tutte le porte»[105]. La finzione, elemento retorico prediletto dal Galiani, è presente in tutte le opere, ed assume valore eminentemente ludico, perfino nelle lettere. La letteratura, per il nostro, non è che un "divertissement", spesso trascurabile a petto della facezia orale, della battuta da salotto, e, soprattutto, a confronto della scrittura analitica, quella che egli quasi esclusivamente prediligeva[106]. I suoi "lazzi

---

104 Questa produzione è leggibile, oltre che nelle *Opere,* in F. Nicolini, "La puerizia e l'adolescenza dell'abate Galiani", in *Archivio Storico per le province napoletane,* 1918 (XLIII), pp. 105 ss.gg.; e in A. Altamura, *Frizzi e sorrisi dell'abate Galiani,* Napoli, 1977, pp. 97-98.
105 Cfr. Catucci, *Galianea,* p. 16.

pulcinelleschi"[107], nutriti di scetticismo cattolico, non influenzeranno in senso positivo il panorama letterario successivo, anzi; essi finiranno invece per nutrire il bassissimo livello comico dei *Dialoghi* del papalino Monaldo Leopardi, dove l'impeto ironico scade presto nel marasma della farsa reazionaria.

3. Un discorso diverso va fatto per lo stile e per la lingua del Galiani trattatista. La peculiarità linguistica del chierico napoletano, la sua distanza tanto dalla tradizione secentesca o dal purismo toscaneggiante degli eruditi, quanto dalla piatta imitazione della sintassi francese, è stata già rilevata[108]. Ci si limiterà a notare la limpida struttura del periodo galianeo, veramente galileiano nella sua esigenza di un linguaggio scientifico distinto da quello quotidiano per

---

106 È noto, «[...] con una singolare capacità di alternare il serio al faceto, tra una battuta e un paradosso, egli sapeva improvvisare dei veloci schizzi teorici e storici, purché avesse al suo cospetto un pubblico intellettuale ed eccitante», in G. COMPAGNINO, "Gli illuministi italiani" cit., p. 9.
107 Cfr. COMPAGNINO, *Gli illuministi*, pp. 18-19.
108 Cfr. CATUCCI, *Galianea*, p. 29, n. 2.

la oggettiva precisione terminologica che si risolve in trasparente chiarezza stilistica[109]:

Il periodare ampio, ricco di subordinate, di incisi, riesce meglio a tradurre le sfumature, le riserve, le limitazioni di un pensiero, correggendone la perentorietà, né lascia nulla di indeterminato, arricchendosi con una subordinata della risposta ad una obiezione. La frase si modifica così nel proprio svolgimento, autocorreggendosi. Si ha quindi la sensazione di assistere al formarsi di un pensiero attraverso successive approssimazioni, che poi conducono ad una formulazione breve ed inequivoca di una legge economica, oppure di una sorprendente osservazione psicologica o di costume.

Importante fu, nel Galiani, l'attenzione al dialetto, che si concretò anche nella composizione di un trattato sul dialetto napoletano[110]. I fine supremo del Galiani era l'edificazione di una lingua nazionale: tuttavia, il suo trattato difetta proprio da un punto di vista linguistico e filologico, con scelte arbitrarie,

109 Cfr. Catucci, *Galianea*, pp. 29-30.
110 Cfr. ora F. Galiani, *Del dialetto napoletano (1779)*, cur. E. Malato, Roma, Bulzoni, 1970.

semplificazioni della grafia, definizioni grammaticali incerte, e - da ultimo - esclusioni e censure abbastanza incomprensibili[111]. Talché si può dire che, pur rappresentando senza dubbio un evento importante nella storia della dialettologia italiana, il trattato di Galiani è decisamente opera minore rispetto agli scritti di tipo economico, e mostra come l'ambizione erudita dell'abate fosse soltanto una pia illusione.

4. Quanto al *Socrate immaginario*, su cui esistono già valorosi interventi[112], si dovrà sottolineare soltanto che esso va senz'altro inserito nel quadro della tradizione teatrale partenopea. Il teatro napoletano agli inizi del secolo presenta una situazione ricca di esiti e di sviluppi vari, per la compresenza sulle scene di commedie dialettali e di opere buffe; questa produzione, che percorre lo stesso cammino di reazione al Seicento barocco si muoveranno lungo direttrici diverse solo in un secondo momento, cronologicamente

---

111 Su questo, cfr. CATUCCI, *Galianea*, pp. 166-167.
112 Si veda, da ultimo, V. GIANNANTONIO, "Il *Socrate Immaginario* di Ferdinando Galiani", in *Critica Letteraria*, n. 2 (2001), pp. 406-417, con bibliografia.

databile verso la metà del secolo[113]. I due aspetti della produzione drammaturgica sono però quasi indistinguibili, data la versatilità degli autori che pongono in essere il cambiamento di cui sopra. Il primo da ricordare è sicuramente Niccolò Amenta (1659-1719), che fu autore di sette *Commedie* scritte fra il 1699 e il 1718, e che ripropose un ritorno al classicismo cinquecentesco. Nelle sue commedie è importante la presenza di un personaggio che parla sempre in dialetto, e ciò costituisce un elemento di continuità con la ricca letteratura vernacola del secolo precedente.

5. La prima commedia dialettale settecentesca - *La Deana o lo lavannaro* - si deve a Nicola Maresca (1677-1720). Essa era destinata ad un pubblico più ampio ed eterogeneo che nel passato, onde un mezzo espressivo più idoneo ad una rappresentazione realistica del mondo popolare. Anche se perdurano infatti gli schemi della commedia del Cinquecento, di quella spagnola e della Commedia dell'arte, viene proposto un tipo di discorso che va oltre la commedia settecentesca e il melodramma serio. In quest'ultimo, e in particolare

---

113 Per tali notizie, vedi G. NICASTRO, *Metastasio e il teatro del primo Settecento*, Roma-Bari, 1979, pp. 43 ss.gg.

nell'estromissione delle parti comiche in dialetto intercalate nella struttura eroica, si è ravvisata da parte degli studiosi l'origine dell'opera buffa e degli intermezzi. L'opera buffa, infatti, è strutturalmente caratterizzata dalla presenza di numerosi personaggi, impegnati in ruoli comici e seri, sostenuti questi da una coppia di innamorati quasi sempre contrastati dai personaggi comici. Il genere dell'opera buffa fu inaugurato nel 1707 da Francesco Antonio Tullio (1660-1737) con *La Cilla*, a cui seguì, nel 1709, il *Patro Calienno de la Costa* di Agasippo Mercotellis (forse l'avvocato Niccolò Corvo). Costui, con Aniello Piscopo e il già citato Tullio, è uno degli autori più rappresentativi di questo primo tipo d'opera buffa, che lo Scherillo data fra il 1709 e il 1730[114], e nella quale «prevalgono la forza della rappresentazione realistica e il tono provocatorio del dialetto»[115].

---

114 Cfr. M. SCHERILLO, *L'opera buffa napoletana durante il Settecento*, Palermo, s.d., citata in NICASTRO, *Metastasio*, p. 44 e p. 59, assieme ad ulteriore bibliografia sull'opera buffa.
115 Cfr. NICASTRO, *Metastasio*, p. 44.

6. Dopo una breve fase di stanca, in cui si fa sentire l'influenza negativa del Metastasio[116], comincia il secondo periodo dell'opera buffa, che è databile fra il 1730 e il 1750 e che vede spiccare i nomi di Gennaro Antonio Federico (?-1767) e Pietro Trinchera (1702?-1755). Soprattutto, il Federico, divenuto famoso per aver scritto il libretto della *Serva padrona* di Pergolesi, inizia il processo di imborghesimento del teatro musicale napoletano, un'evoluzione che porterà poi, proprio con il Lorenzi e con il Galiani del *Socrate immaginario*, all'abbandono del dialetto come mezzo espressivo di una certa realtà e alla sua assunzione come semplice elemento ludico. Il Trinchera, peraltro definito dallo Scherillo «il martire dell'opera buffa»[117], fu uomo dalla vena anticlericale e antitradizionalista, tanto che ebbe a subire persecuzioni dall'autorità ecclesiastica che lo fece imprigionare e morire in carcere. Secondo Scherillo, al Trinchera mancavano vere

---

116 Si ricordi, a tal proposito, il caso di B. Saddumene, autore di opere in cui vengono introdotti, nel contesto dialettale, brani in lingua, anche se già nel 1718 il Tullio aveva presentato un opera buffa in italiano, dal titolo *Il trionfo dell'onore*, con musica di Alessandro Scarlatti. Su ciò, cfr. NICASTRO, *Metastasio*, p. 44.
117 Citato in NICASTRO, *Metastasio*, p. 45.

doti di ingegno e di vivacità comica[118]; oggi, questo giudizio, anche alla luce dei molti punti di contatto fra le sue farse e le commedie goldoniane, deve essere rivisto, riconoscendo che in lui la "vis" comica non fu mai mezzo fine a se stesso, ma mezzo efficace di satira di costume.

7. L'opera buffa napoletana continua il suo cammino anche nella seconda metà del secolo, sottoponendo a cambiamenti le proprie strutture per le mutate condizioni di gusto e di sensibilità del pubblico[119]. Il processo di imborghesimento di cui s'è parlato prima si accentua, comportando la rinuncia ai contenuti polemici e realistici e all'uso del dialetto come mezzo congeniale di espressione. Non per questo il dialetto viene a mancare nel tessuto linguistico dell'opera comica, solo che ora esso coesiste con l'italiano, e diventa, come s'è detto, pretesto di giochi verbali[120]. Alcuni personaggi parlano in napoletano, ma non come i popolani messi in scena dal

---

118 Sempre in NICASTRO, *Metastasio*, p. 53.
119 Queste notizie, e anche quelle che seguono, in G. NICASTRO, *Goldoni e il teatro del secondo Settecento*, Bari-Roma, Laterza, 1979, pp. 128-129.
120 È il parere di Wanda Monaco, citata in NICASTRO, *Goldoni*, p. 128.

Mercotellis o dal Trinchera, che si esprimevano così solo perché quello era il loro linguaggio. Costoro, al contrario, usano il dialetto per divertire un pubblico mediocremente colto che va a teatro per dimenticare le vicissitudini della vita quotidiana e per svagarsi un po'. Il teatro dialettale, in vece, sarà mantenuto vivo da Francesco Cerlone (?-1812?), vero antesignano di Scarpetta, Viviani e De Filippo, che fu autore di numerose opere in versi e in prosa dove emergono macchiette spassose e esilaranti. Un altro autore importante, oltre al Giambattista Lorenzi, di cui ovviamente ci occuperemo nei capitoli seguenti, fu poi Domenico Luigi Barone, marchese di Liveri (1685-1757), in cui la scipitezza del testo era compensata dal realismo meticoloso delle scene, della dizione, della mimica e del gesto[121].

---

121 L'opinione è di Croce, citato in NICASTRO, *Goldoni*, p. 128.

INDICE

L'esordio letterario di   p. 5
Federico Valignani

Miglianico e i Valignani   p. 49
nel Secolo dei Lumi: alcuni
ragguagli storici e letterari

Qualche considerazione   p. 96
sul Galiani letterato

Indice   p. 107

Finito di stampare a gennaio 2019
Prima Edizione
Editing: **ALL'EMBLEMA DEL DRAGONE**
Distribuzione e vendita: **LULU PRESS**
ISBN: 978-0-244-15275-8

www.ingramcontent.com/pod-product-compliance
Lightning Source LLC
Chambersburg PA
CBHW060418290526
45791CB00002B/799